KB126207

중국을 알면 세계가 보인다

신중국 70년의 발전과 변화가
있기까지의 역사적 흐름을 펼쳐내다.

사회문화

왕페이(王非)·진쑤샤(金淑霞) 저
웨이췬(魏群) 역

차이나하우스

중국을 알면 세계가 보인다 - 사회문화

© 2021, 山东文艺出版社

2021년 10월 10일 초판 1쇄 발행
2021년 10월 15일 초판 1쇄 발행

지은이 | 왕페이(王非) · 진쑤샤(金淑霞)
옮긴이 | 웨이췬(魏群)
펴낸이 | 이건웅
펴낸곳 | 차이나하우스

등   록 | 제 303-2006-00026호
주   소 | 서울시 종로구 자하문로 301
전   화 | 02-3217-0431
팩   스 | 0505-352-0431
이메일 | cmg_ltd@naver.com
ISBN | 979-11-85882-57-4 04910
         979-11-85882-59-8 04910(세트)

값 14,800원

서언

오늘날 중국은 강성한 국가가 되었다. 경제가 번영하고 국민 생활은 날로 풍요로워지고 있다. 전 세계 그 누구도 이러한 명백한 사실을 부정하지 않을 것이다. 중국은 20세기 후반을 거치면서 급속한 성장을 이루었고, 21세기에 들어서면서 역사가들이 진한 먹으로 한 획을 그을 만큼 큰 족적을 남기고 있다.

1949년 신중국을 건국하고 오늘까지 걸어온 70여 년의 길은 매우 험난했으나 앞으로 펼쳐질 화려하고 찬란한 미래에 대한 작은 걸림돌에 불과하다. 미래의 비전을 한 폭의 그림으로 완성하기에는 제한된 편폭이 너무나 작고 그 안에 제대로 담는 것은 매우 힘든 일이다. 따라서 우리는 다채로운 경관 중에서 몇 가지의 필름을 선정할 수 밖에 없었다.

필름의 선정은 큰 고민거리였다. 국가의 발전이 과연 칭찬을 받을 만한 현황인지 판단할 수 있는 기준은 바로 인민들의 일상생활에 담겨 있기 때문이다. 그래서 우리는 중국 인민의 의 · 식 · 주와 행 4가지 장르를 선택했다. 이 4가지 영역의 발전 과정과 발전을 지지해 온 주요 성취가 이번 이야기의 핵심 내용이다.

중국의 오랜 역사를 거슬러 올라가 보면 과거의 모습과 현재의 발전된 모습은 선명하게 대조된다. 그래서 우리는 이번 이야기 중에서 근대 옛 중국의 모습에 대해서 자세하게 언급했다. 하지만 글의 시작은 근대보다 훨씬 먼 역사부터 출발한다. 이는 우리가 중국의 역사관과 현실에 대한 이해할 때 큰 도움이 되기 때문이다. 역사가 근대까지 발전해 온 과정을 돌이켜보면 지난 1000~2000년 동안 중국의 일반 백성들의 삶과 생활방식은 비약적이고 실질적인 변화가 없었다고 볼 수 있다. 그뿐만 아니라 역사상 가장 번영한 시대, 예를 들면 번영한 시기의 당나라와 송나라 시기와 비교해보면 근대 중국 일반 백성들의 일상생활의 질이 오히려 하락했다고 볼 수도 있다.

세계 역사를 보면 중세를 거쳐 근대로 발전하는 과정에서 일반 백성의 삶이 때로는 옛 것보다 악화된 국가들이 많다. 근대 이전의 많은 유럽 국가는 이미 이러한 경험을 했다. 근대 중국의 인구급증으로 인한 생활 필수 자원의 결핍, 열강의 침략과 약탈, 전란과 사회의 혼란,

빈부 격차의 가속화, 자연재해 및 질병의 유행 등은 모두 근대 중국 백성들의 삶을 비참하게 만든 배경이다. 고대부터 근대까지의 과정을 자세히 살펴보면 신중국 성립 이후 70년 동안의 발전이 중국 인민에게 어떠한 중요한 의미를 가져온 것을 이해할 수 있기 때문이다. 2020년이 마무리될 즈음 중국은 두터운 중산층을 가졌으며, 과거의 유물이었던 절대 빈곤은 역사의 뒤안길로 사라졌다. 이러한 결과는 중국이 천년 간 역사에서 한 번도 겪어보지 못한 엄청난 변화이다! 정제된 글로 역사의 한 장면을 남기는 작업도 현대를 살아가는 지식인의 과제다.

2020년 8월
편집팀 일동

목차

제1장

천 년 동안 걸어온 길을
단 하루 만에 이루다.

중국을 알면 세계가 보인다

사회문화

의·식·주·행은 인간 일상생활 중 가장 중요한 4가지의 기본요소이다. 4가지 요소를 통해서 우리는 사회발전 변화를 직접적이고 깊게 체험할 수 있다. 4가지 요소 중에서 특히 '출행'의 방식, 목적과 규모 등은 의·식·주보다 사회의 큰 변화와 발전을 상징하고 내포할 수 있다. 오늘날에 중국에서 여행을 다니면 예전과 완전히 다른 출행의 모습을 볼 수 있다. 사통팔달한 고속도로에 끝이 보이지 않는 자동차들, 바람같이 지나가는 고속철도와 미궁 같은 도시 속 지하철, 수면 위를 오가는 크고 작은 선박 등은 여행에서 감상할 수 있는 일상적인 풍경이 되었다. 중국에는 도시와 시골, 도시와 도시, 그리고 해외를

운행 중인 푸싱하오 중국 표준 CR400BF 고속열차팀. (비주얼 차이나)

가장 아름다운 육교인 항저우(杭州)의
궈아산(瓜山) 육교. (비주얼 차이나)

2020년 9월 2일, 중국 중차그룹 유한공사(CRRC, Corporation Limited)가 설계 및 제조한 세계 최초 디지털 트랙 터빈 전기버스(DRT)가 상하이에서 개최한 2020년 중국 국제철도 및 도시 트랙 교통 전시포럼에 처음으로 선보였다. (비주얼 차이나)

매일 움직이는 수억 명의 사람들이 있다. 그들은 출퇴근하는 샐러리맨이거나, 공부하러 떠난 학생이거나, 비즈니스맨 또는 쇼핑객일 수 있다. 또한, 대도시로 이전하는 농민일 수도 있고, 여행을 즐기는 관광객일 수도 있다.

　중국은 수레바퀴를 타고 달리는 나라다. 또한 하늘로 비상하는 나라다. 그리고 바다 위에서 파도를 타는 나라다. 고대 중국에서는 4,700년 전의 중화민족의 시조인 헌원 황제가 차량을 발명한 것을 기

시안(西安) 진시황릉 문물 전시관에 있는 진시황이 탔던 동마차. (비주얼 차이나)

넘하기 위해서 당시의 차량을 '쉬안위안으'라고 불렀다. 3,000여 년 전 서주 시기의 중국은 보다 체계적인 도로관리시스템을 구축했다. 2,200년 전의 진(秦)나라 시기에는 육상 교통 체계를 일찍이 구축했다. 중국은 역사가 긴 치도(治道)와 조선(造船)의 역사를 갖고 있다. 그중 오늘날에 우리가 볼 수 있는 중국의 번성한 '출행'의 모습은 최근 70년 동안, 특히 개혁개방이 시작된 40년 사이에 이루어진 일이다. 이 책에서는 중국 일반 국민의 출행에 대해 이야기를 나눌 것이다.

길을 가는 것은 어렵다. 과연 얼마나 어려울까?

중국 서남쪽에 있는 쓰촨(四川)성은 간략하게 촉(蜀)이라고 말한다. 이곳은 판다의 자연보호구역으로 유명한 곳이다. 이곳은 아름다운 풍경과 맛있는 음식으로 유명하다. 고대 중국부터 1949년 신중국이 성립했을 때까지 이곳이 타지역과 달랐던 것은 '어려운 행진길'이라는 점이다. 쓰촨분지는 쓰촨 주민들의 주요 거주 지역이다. 분지의 주변을 둘러보면 북쪽에는 미츠앙산과 다바(大巴)산이 있고, 서쪽에는 룽먼산, 치웅라이산 그리고 최고봉의 해발이 7,556m인 대설산이 길을

쓰촨성 광위안(广元) 찌안먼관(劍门关) 절벽에는 위안나오(猿猱)라는 꼬부랑길이 있다. 이 길은 성벽과 같은 험준한 기암절벽에 걸려있는 듯하다. 가운데에는 철쇄 등 안전장치가 없는 440m의 오솔길이 있다. 최대 고도 낙차는 약 500m이고, 길의 가장 넓은 곳은 30cm이며 가장 좁은 곳은 5cm 밖에 안 된다. 한 사람이 겨우 통과할 수 있는 꼬부랑길이다. (비주얼 차이나)

막고 있다. 그리고 남쪽에는 다량(大凉)산, 동쪽의 다러우산, 우링(武陵)산, 우(巫)산 등이 있다. 이곳의 산지, 고원지대와 구릉지대는 쓰촨성 전체 면적의 97.46%를 차지한다.

고대 중국인들은 쓰촨 지역과 중국 서부 지역, 그리고 중원의 정치적 핵심지역 간 소통을 위해서 구불구불하고 험준한 산맥의 암벽에 구멍을 뚫고 목재 골조를 만들었다. 그리고 그 위를 나무판으로 이어 잔도를 만들었다. 그 예로는 산시 장안과 쓰촨 양현을 연결하는 420km의 쯔우다오(子午道), 한중과 메이(眉)현을 연결한 470km의 바오씨에다오(褒斜道)가 있고, 북쪽과 남쪽을 관통하여 산난 미안(勉)현

선진고잔도(先秦古棧道)는 중국에서 최초로 개착되고 구조가 가장 과학적인 잔도이자
개척 흔적이 가장 많이 남고 잘 보존 된 중국 고대 잔도 유물이다. (중국 신문사)

과 쓰촨 바중(巴中) 사이를 잇는 진니우다오(金牛道), 그리고 산시 난정과 쓰촨 바중의 250km 길이의 미츠앙도가 있다. 이 고잔도들은 높은 산과 깊은 협곡 사이를 뱀처럼 꿈틀꿈틀 기어가고 있다. 수많은 잔도 아래는 바로 만장 심연이어서 이 위를 걸어가면 마치 구름 사이를 걸어가는 것처럼 심금을 휘젓는다.

1,900여 년 전 중국 동한 시기의 사학가 반고(班固)는『한서』에서 이런 이야기를 기록했다. 이야기의 주인공 왕양은 당시 익주(益州) 지역의 장관으로 임명받았는데, 익주는 오늘날 중국의 쓰촨, 윈난, 구이저우 그리고 산시 한중과 허난 및 후베이 일부 지역을 포함하는 약 100만 ㎢의 넓은 땅이다. 왕양은 다이시앙링(大相岭) 지우저반(九折阪)까지 순찰하다가 험하고 구부러진 산길을 보고, 자신이 앞으로 이 지역의 장관을 맡는다면 목숨이 위험하겠다고 생각해서 스스로 관직에서 물러나 고향으로 돌아갔다. 오죽하면 이백이《촉도난》에서 "어허라, 험하고 높구나, 촉도의 험함이여, 하늘 오르기보다 더 어려워라"라는 말을 쓸 정도였다. 중국 항일전쟁 시기에 일본 침략군이 당시 민국정부의 수도였던, 쓰촨성 충칭을 점령할 계획을 실행하지 못한 이유 중의 하나도 바로 교통의 차단 때문이었다. 이를 보면, 촉도의 험중함을 알 수 있다.

다이시앙링 아래서 감탄했던 이백이 만약 쓰촨에서 출발해 횡단산맥을 뚫고 티베트로 향한다면 놀라서 말을 잇지 못할 것이다. 예로부터 뎬웨철도(1910년 개통)와 버마 로드(1938년 개통)가 개통하기 전에 윈난 지역의 모든 화물은 사람과 말을 이용해 다른 지역으로 운송되었다. 운송하는 사람들은 무리를 짓고 이동했는데 이 무리들을 마방이라고 칭했다. 철도과 찻길이 개통된 후에도 주요 도로와 연결되지 않은 다른 지역들은 말과 노새를 여전히 주요 교통수단으로 활용했다. 윈난 옆에 있는 티베트는 해발 고도 3~4천 미터 이상의 매우 추운 산악 지역이다. 쌀보리, 유류, 쑤유, 소와 양고기 등 소화하기 힘든 고지방 음식들이 티베트족의 주요 음식물이다. 고산지에서 쌀보리는 사람들의 몸에 쉽게 열을 올리기 때문에 티베트족은 차를 마시고 소화하는 법을 배웠다. 1,100년의 시간이 지나자 티베트족에는 쑤유차를 마시는 민족 습관이 형성되었다. 그런데 쓰촨과 윈난은 차를 생산할 수 있는 지역이지만 티베트는 아니었다. 티베트족은 다른 지역 주민과 군인들에게 필요한 말과 노새를 잘 다뤘기 때문에 찻잎과 말이나 노새가 주요 상품이 된 '차마호시'가 자연스럽게 생겨났다.

티베트, 그리고 쓰촨과 윈난의 산간벽지 지역에서 생산되는 말, 노새, 약재와 모피 등의 특산품들을 쓰촨과 윈난의 중심 도시와 내륙지역에서 생산된 찻잎, 포목 그리고 소금과 교환하기 위한 지속적인 왕래가 이 지역 사이에서 유지되었다. 마방들이 높은 산과 깊은 계곡 사

쓰촨 아바, 모(茂)현에 있는 옛날 차마고도. (비주얼 차이나)

이를 끊임없이 오가면서 '차마고도'가 형성되었다.

차마고도는 당나라 때부터 등장했다. 송나라 시기에는 쓰촨과 산시 간쑤 간의 '차마' 교역을 관리하기 위해서 조정이 차마사를 설립했다. 명청 시기 때에는 쓰촨과 티베트, 그리고 윈난과 티베트 간의 차마고도가 매우 번창했다. 이때 두 가지 주요 행진로가 있었다. 하나는 쓰촨 야안(雅安)에서 시작해 티베트 라싸를 경유하여 네팔과 인도까지 이어진 3,100km(중국 경내 길이)의 길이었고, 다른 한 길은 윈난 푸얼에서 출발해서 따리(大理), 더친을 지나 티베트의 라싸를 통과해서 미얀마, 네팔, 인도까지 연결한 3,800km(중국 경내 길이)의 옛길이었다.

차마고도는 높은 산과 깊은 계곡, 험준한 암벽과 난잡한 숲, 그리고 급류를 종종 볼 수 있는 위험한 노정이다. '금지의 문(禁门关)', '귀신의 손(鬼招手)', '강풍의 격투장(风斗口)', '난석의 동굴(乱石窟)' 등 차마고도의 별명만 들어도 이 길이 얼마나 위험한지 알 수 있다. 말 한 마리가 겨우 통과하는 절벽에서 반대 방향으로 향하는 상인을 마주치면 말

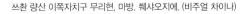

쓰촨 량산 이쪽자치구 무리현, 마방. 쒜샤오지에. (비주얼 차이나)

주인들이 협상을 통해서 약한 말을 절벽 아래로 밀고 강한 말에게 길을 양보하는 불문 규정도 있다. 길옆에는 걷다가 힘이 들어 죽은 말들의 시체도 흔히 볼 수 있다. 그리고 산세가 특히 험준한 곳이 있다. 해발 3,437m에 달하는 높이에, '지옥으로 향한 관문'이라고 불리는 얼랑산(二郞山)에는 말과 노새가 통과할 수 없을 정도로 험한 벼랑이 있다. 암벽은 마치 칼로 자른 듯한 직선의 형태로, 수직으로 생긴 벼랑은 모든 화물을 오직 사람이 업고 갈 수밖에 없는 구조로 되어 있다. 베이푸(背夫)는 바로 이 구간을 위해 등장한 특수한 직업군이다. 그들은 50kg의 화물을 업고 원숭이도 다니기도 힘든 절벽을 기어오른다. 그들의 발자국과 땀은 천년의 옛길을 연결한다.

차마고도는 폭염과 얼음, 폭우와 눈사태, 강풍과 산사태, 그리고 산소 부족으로 인한 고산병 등 인간이 극복하기 힘든 자연의 모든 시련이 가득한 길이다. 천백 년 동안 대대로 이어 내려온 마방들은 가족을 버리고 엄혹한 자연환경과 투쟁하면서 풍찬노숙한 생활을 하루 또 하루, 한 해 또 한 해를 이어가면서 자신의 삶을 개척하듯 험난한 길을 나아갔다.

험준한 산봉우리와 높은 절벽, 역병과 전염병 등은 그들의 목숨을 언제든지 앗아갈 수 있다. 목숨을 잃은 베이푸의 시체는 황지에 방치되는 경우도 많았다. 마방을 선택한다는 것은 가족을 부양하기 위해

이 사진은 1903년에 프랑스 작가 비아르 프랑수아 오귀스트(Auguste Francois)가 쓰촨 베이푸가 루딩에서 캉딩(康定)까지 차를 업고 가는 모습을 찍은 작품이다. 베이푸는 항상 십여 명의 무리를 짓고 움직였다. 이 중에서 나이 가장 많은 베이푸는 40~50대였고, 제일 어린 베이푸는 12~3살 정도였다. 심지어 여성 베이푸도 있었다. 한 번 왕래하는데 약 한 달의 기간이 필요하고, 한 달 동안 베이푸는 적으면 30kg, 많으면 150kg의 찻잎을 업고 설산과 암벽을 넘으며 도적을 피해야 한다. (신화사)

자신의 생명을 거는 것이었다.

광대한 중국의 모든 길이 이렇게 복잡한 것은 아니다. 역대 조정과 정부는 전국의 도로 체계를 구축하고 체계화하는 작업을 꾸준히 진행했다. 하지만 체계화되고 잘 정비된 도로는 백성의 일상과 연관성이 적었다. 이 도로들을 바로 '관도(官道)'라고 부른다. 관도는 주로 조정과 각 지방의 정부 사이에 정무 및 군사와 관련 공문의 전달, 물자의 운송, 군대의 이동 및 관리의 출행 등에 사용되었다. 관도가 있는 길가 양쪽에는 전문 관직, 조공하는 사람들이 쉴 수 있는 역참을 설립했다. 역참은 조정 병부(兵部)의 지방 현지 행정관의 관할이었다. 한나라 시기에는 대략 15km마다 역참을 설치했고 당나라 때에는 전국에 1,639개의 역참과 2만여 명의 역졸이 있었다. 원나라 시기에는 약 1,496개의 역참이 있었는데, 『마르코 폴로의 여행기』에 의하면, 당시 역참의 말은 약 30만 마리가 있었고 화려한 역참의 가옥은 만여 개가 있었다. 청 시기에는 전국의 역참 개수가 1,785개에 달했고, 역참의 말이 가진 지구력을 고려하여 일반적으로 하루에 150km를 이동하는 규정을 정하기도 했다. 그러나 긴급 군사정보를 전달하는 경우에는 빠르면 하루에 200~300km까지 이동하곤 했다. 역참마다 말을 갈아타고 여러 역참을 지나갈 때에 사람을 교체했다. 역참의 말들은 모두 머리 앞에 구리 방울을 달았다. 신사(信使)는 낮에 달릴 때는 방울을 울렸고, 밤에는 횃불을 들었다. 그들은 밤낮을 가리지 않고 비바람을 헤치고 달렸다. 만약 행인이 사고로 부딪혀 죽어도 면책되었다. 그럼에도 불구하고, 변경에서 전쟁이 일어나면 중앙까지 소식을 전달하는데 최소 며칠이 걸렸다. 당나라 천보 14년(A.D.755년) 11월 9일, 안록산은 판양에서 반란을 일으켰다. 이 소식은 6일이 지난 후에야 비로소 당나라 수도 장안에 도착했는데, 두 지역 사이의 거리는 불과

1,000km 밖에 안 되었다.

긴급 군사 정보는 필경 특수한 상황이다. 대부분의 관도는 흙과 모래로 만들어져서 비나 눈이 오면 관도의 곳곳이 진흙탕이 되어 이동하기가 매우 불편했다. 벼슬아치들이 이동할 때면 마차와 말, 그리고 수행원들이 모시더라도 긴 시간과 수많은 어려움을 직면할 수밖에 없었다.

1840년 아편전쟁 때 영국군에 대항한 청 대신 임칙서는 누명을 쓰고 이리(伊犁) 휘위안성에 유배당했다. 그는 도광(道光) 22년(1842년) 7월 6일, 시안에서 출발해 같은 해 11월 9일에 유배된 지역에 도착했다. 3,300km의 거리를 이동하는 데 4개월이나 걸렸다. 1900년, 8국 연합군이 베이징을 쳐들어가자 청의 최고 지도자였던 자희(慈禧) 태후와 과서 황제는 수행자들과 함께 8월 15일에 베이징을 떠나 10월 26일까지 산시성 시안으로 도망갔다. 허베이(河北) 쉬안화(宣化), 산시 따동(大同)과 타이위안(太原) 등 지역에서 28일 동안 체류했고, 1,200km의 거리를 총 44일이 걸려 도착했다.

당시에는 지역 간의 도로만 이동하기 힘들었던 것이 아니라 시내의 길도 오가기 불편했다. 옛날 중국 도시의 도로 상황은 수도인 베이징만 봐도 잘 알 수 있다. 옛날 베이징의 대부분 길은 흙길이었다. 맑은 날에는 먼지가 날렸고, 눈과 비가 온 날에는 진흙탕이 되었다. '바람이 없으면 흙과 먼지가 쌓이고 비가 오면 진흙탕 길이 된다'는 속담은 바로 옛날 베이징의 흙길을 표현하는 말이었다. 흙길 위로 차량은 계속 지나갔고, 주요 도로에 깊은 바큇자국을 만들어 세월이 지나도 그대로 남았다. 길 양쪽의 성호와 연결된 배수구는 오랫동안 진흙으로 막혔고, 배수구 옆에는 근처 주민들이 버린 쓰레기가 쌓여서 악취가 도로에 가득 찼다. 1868년 중국에 방문한 독일 지질학자 리히트호펜은 9월 초에 상하이에서 베이징까지 가는 데에 한 달이나 걸렸다고 회고했다. 그는 퉁저우(通州)에서 베이징으로 가는 길에 대해서 이렇게 말했다. "처음에는 도시 안에서 사각형 바닥돌이 이미 파괴된 좁은 길을 지나갔다. 길에서는 자꾸 깊은 구덩이와 큰 돌들이 나타났다. 우리는 다행히 골절을 당하지 않았지만 이런 위험이 계속 존재했다".

그리고 베이징에 들어간 후 본 장면을 이렇게 기록했다. "베이징 자체가 매우 더러워 보인다. 사람들이 길을 걷기조차 힘들 정도이다. 마차를 타는 것도 위험했다. 왜냐하면 마차꾼은 자신의 구력과 연륜에 의지해 돌 구덩이나 물웅덩이, 쓰레기 더미를 피해야만 했다. 이 구덩이들은 전체 길의 반을 차지할 정도였다."

1900년부터 청 정부는 베이징의 일부 도로를 자갈로 닦았다. 민국 시기였던 1915년에는 베이징 외국 영사관 앞 도로에 첫 번째 아스팔트 길이 조성되었다. 그 이후로 신중국이 성립된 1949년까지의 30여

1917년, 1917년, 비가 내린 베이징 쉬안버(遂安伯) 골목길의 진흙길. 당시 베이징 골목길의 축소판.
(시드니 갬블 / 촬영)

년 동안 베이징 시내의 첸먼다지예(前门大街), 둥자오민샹(东交民巷) 등 몇몇 아스팔트 길 외에 모든 도로와 골목은 여전히 흙길이었다.

청나라 말기와 민국 초기에 중국에서는 대중교통수단의 변화가 일어났다. 명청 시기에 베이징 주민의 주요 운송 수단은 노새, 말 그리고 당나귀를 끌고 다니는 마차가 대부분이었다. 1874년에 양차(羊車)로 불린 일본 인력거가 중국에 유입되었다. 인력거는 탑승자 좌석 아래에 바퀴 두 개가 있고 앞에는 손잡이 두 개가 달린 구조이다. 손님은 자리에 앉고 운전사가 손잡이를 잡고 차를 끌고 달리는 방식이다. 청나라 말기에 자동차가 베이징에서 나타나기 시작했지만, 극소수의 외국인, 조정의 고관대작이나 대외 업무를 종사하는 관료들만 탈 수 있었다.

1870년 베이징, 노새와 말 시장 대로에 있는 깊은 바큇자국. (토마스 찰드)

민국 시기부터 베이징의 자동차는 꾸준히 증가했다. 하지만 탈 수 있는 사람은 소수의 정부 공무원과 대외 업무를 수행하는 상인, 그리고 부유층으로 한정되었다. 1919년 말 베이징에 소재한 모든 자동차는 645대에 불과했다. 흙길에 자동차가 지나가면 길가에서 걸어 다니는 사람들은 바로 코를 막고 휘날리는 먼지를 피해야만 했다.

베이징에서 대중버스가 처음 등장한 것은 1924년이었다. 1924년 12월 17일, 치안먼에서 궤도차가 처음으로 개통식을 가졌다. 궤도차는 5개 노선을 운영했고, 운행 거리는 30km 정도였다. 1943년 베이징의 궤도차 운영 규모는 신중국이 성립하기 전에 최고 전성기를 구가해서 7개 노선, 43km 거리를 운행했다. 그리고 궤도차의 성공적인 운행은 베이징 자동차 임대 사업을 발전시키는 계기가 되었다. 항일 전쟁 전까지 베이징의 자동차 임대 기업은 70여 개였지만, 운행하는 자동차는 300여 대에 불과해 운수회사마다 보유 차량은 3~5대에 불과했다.

자동차가 등장했지만, 그 수량이 적고 운전 가능 지역이 좁아 사람들은 출퇴근이나 이동 수단으로 여전히 인력거를 많이 활용했다. 1917년 베이징의 인력거는 20,274대가 있었고, 1924년에는 36,500대로 늘었다. 1934년까지 54,393대로 급증했으며, 같은 해에 인력거 꾼은 108,786명으로 늘었다. 이렇게 증가한 베이징 인력거 시장은 최고 전성기 때에 약 10만 대가 넘었다.

베이징의 인력거꾼 이야기를 떠올리면 베이징 문학의 아버지로 불리는 라오서(老舍)의 대표작 『낙타상자(駱駝祥子)』가 바로 연상된다. 이 작품은 베이징에 사는 가난한 인력거꾼의 비참한 생활을 그린 것으로 하층 서민의 애환과 어두운 현실에 대한 날카로운 묘사를 통해 비판적 리얼리즘의 새로운 경지를 개척했다는 평가를 받는다. 주인공 샹쯔(祥子)는 부지런하고 순박하고 착한 시골 청년이다. 고향에서 파산하고 베이징으로 상경해 인력거꾼 일을 시작한다. 고생 끝에 자신의 인력거를 구입해 떳떳한 인력거꾼이 된다. 그는 3년 동안 아껴 먹고 아껴 쓰면서 고생 끝에 드디어 자신의 인력거를 샀다. 하지만 군벌 간의 전란 때문에 어렵게 구입한 인력거를 탈주병에게 뺏기고 만다. 그는 다시 임대한 인력거를 끌고 새로운 목표를 향해서 달리기 시작했지만, 두 번째 인력거를 사기 위해 모은 돈을 탐정에게 빼앗긴다. 그는 결국 인력거 임대회사 사장의 데릴사위가 되어 다시 자신만의 인력거를 갖게 된다. 하지만 아내가 난산으로 죽자 그는 장례비용을 마련하기 위해서 두 번째 인력거를 팔았고 인생의 목표도 사라지고 말았다.

샹쯔는 문학 작품의 캐릭터일 뿐이다. 그는 그저 '자신의 인력거'라는 인생의 목표를 이루지 못했다. 그러나 현실의 '샹쯔'들은 그보다 더 비참한 생활을 겪고 있었다. 온 가족의 생계를 위해서 그들은 밤낮 구분 없이 압박과 착취를 당하면서 하루도 쉬지 않고 인력거를 끌고 달렸다. 이렇게 하지 않으면 하루 먹고사는 것조차 쉽지 않았다. 중국의 학자이자 시인이었던 후스(胡適)는 하얼빈 길가에서 본 장면들에 대한 자신의 감상을 이렇게 기록했다. "우리 동포들은 근육에 힘을 주고 등을 굽히고 피땀을 흘리면서 소와 말들처럼 일하고 있다. 우리를 멀리 그리고 높은 곳으로 끌고 가는 것은 단지 몇십 개의 동전을 벌고 온 가족을 살리기 위함이다."

민국 시기의 유명한 장군 펑위시앙(冯玉祥)은 허난(河南) 지역의 장군을 지낸 적이 있었다. 가난했던 과거를 지닌 펑위시앙은 가난한 백성을 이해하고 항상 보살피려고 노력했다. 그는 카이펑 지역을 시찰했을 때에 피골이 상접한 인력거꾼이 소와 말처럼 다니는 모습을 보고 동정심에 군인, 공무원, 교직원 및 학생에게 인력거 탑승 금지령을 내렸다. 그의 측은지심은 오히려 고생스러운 인력거꾼들의 생계를 막았다. 인력거꾼은 마치 백거이(白居易)가 쓴 시 매탄옹에서 '숯값이 떨어질까 봐 추워지길 바라'는 것과 마찬가지였기 때문이다. 펑위시앙은 인력거꾼의 비난과 탄원을 듣고 난 후에 비로소 금지령을 폐지했다.

인력거꾼은 온 가족의 생계를 유지하기 위해 몇 푼이 안 되는 돈을 벌려고 막노동을 했는데 인력거 임대회사의 착취와 경찰의 폭행과 협박을 자주 당했다. 심지어 노약한 인력거꾼이 길가에서 급사하는 일도 종종 발생했다. 베이징이 일본군의 지배를 당했을 때에 한 인력거꾼이 굶주림으로 체력이 떨어져 장안가 육부구(六部口)에서 급사한 경우도 있었다. 게다가 빠르게 잘 달리는 덕에 '이리마(伊犁馬)'란 별명을 갖고 있던 젊은 인력거꾼이 먼 거리를 빠르게 달렸다가 힘들어서 피를 토하고 급사한 일도 있었다. 이러한 여러 군상의 '샹쯔'들의 조우는 당시 백성들이 이동할 때의 어려움을 표현하고 있다. 엉망진창인 길과 원시적인 교통수단은 백성들이 외출할 때의 어려움을 보여주면서, 사회적인 불공평을 상징하기도 한다.

근대 이전의 농경사회에서 일반 농민은 집을 멀리 떠나지 않았다. '오랫동안 살아온 곳을 쉽사리 떠나려 하지 않은 것은 백성들의 본성이다. 가족들과 분리하지 않고 같이 사는 것은 사람들의 소원이다'라는 이야기처럼 말이다. 이렇게 농민은 안토중천(安土重遷)했지만 역대 지배자들은 세입과 치안의 편안한 관리를 위해서 농업을 중시하고 상업을 억제하는 정책을 실행했다. 이갑제(里甲制)와 보갑제(保甲制)의 예에서 알 수 있듯이 농민이 고향을 떠나 멀리 여행을 하는 것을 엄격히 제한했다. 갑(甲), 리(里), 보(保)는 각각 지역 주민들의 조직 규모를 뜻한다. 예를 들면, 명 시기에 10호가 1갑이고 110호가 1리로 규정했다. 당시에는 '농민은 1리의 거리를 벗어날 수 없다. 아침에 외출하고

1930년대, 중국 길가에서 손님을 끌고 다니는 인력거가
페이루(牌楼)를 지나가는 모습. (비주얼 차이나)

민국 시기 영국의 조차지였던 상하이 허난로의 도로에서
손님이 탄 인력거들이 오가는 모습. (비주얼 차이나)

빗속을 달리는 홍콩 길가의 인력거꾼. (비주얼 차이
나)

저녁에 귀가한다. 외출과 귀가는 이웃들 사이에 서로 알아야 한다'는 법규를 통해서 농민의 이동을 엄격히 제한했다.

만약 집과 50km 이상 떨어진 먼 곳으로 가려면 먼저 현지 관청(官府)에서 고향을 떠날 수 있는 통행증을 받아야 했다. 이 서류는 '노인(路引)'이라 불렸다. 노인이 없이 규정된 범위를 벗어나면 벌을 받았다. 청 시기에는 보갑제를 실행했다. 10호는 1패(牌)이고, 100호는 1갑이며 1,000호는 1보이다. 주민들은 서로를 감시하는 동시에 서로를 보증하는 담보자가 되어야 했다. 만약 한 가호가 죄를 지으면 나머지 아홉 가호가 모두 고발할 의무가 있었다. 고발하지 않을 경우에는 열 가호가 모두 벌을 받는 연좌제를 실시했다. 민국 시기의 법규는 외출의 자유와 주민의 기존 자치에 관해 규정했지만, 실질적으로는 보갑제를 유지했다. 이러한 정책은 국민의 외부 이동을 최대한 제한했다. 설령 당시 관청의 정책이 없더라도 도적들 때문에 치안이 보장되지 않는 사회 환경에서 일반 국민은 멀리 길을 떠나는 것을 두려워했다.

중국의 소설가이자 노벨문학상 수상자인 모옌(莫言)의 작품에는 마적이 자주 등장한다. 모옌의 작품은 그의 고향인 산둥성 가오미(高密) 지역의 실화를 바탕으로 한다. 그의 소설 『붉은 수수밭(红高粱家族)』에 등장하는 현장 차오멍지우은 실제 인물이다. 차오멍지우는 군인 출신이고 산둥성 취푸(曲阜)와 핑위안(平原) 두 현에서 장관을 지낸 적이 있다. 1935년부터 1937년까지 가오미현 현장직을 맡았다. 그는 마적을 없애기 위해 연합 대항 정책을 내세웠다. 각 마을에 비상벨과 등불을 높은 막대기 위에 반드시 걸게 했다. 마을 주민들은 돌아가면서 밤낮을 순찰하고 마적의 흔적을 발견하면 바로 비상벨을 울리거나 등불에 불을 붙여 주변 마을에 경고했다. 주변 마을 주민들도 이 경보를 보고 서로 지원할 수 있는 마을 수비정책이었다.

마적을 근절하기 위해 차오멍지우는 수단과 방법을 가리지 않았다. 그는 성 정부가 가오미에서 특근자를 모집한다는 명목으로 마적들에게 귀순을 권고했는데, 살인죄를 지은 마적에게도 죄를 묻지 않겠다는 거짓말까지 서슴지 않았다. 두 달 만에 100명이 귀순했는데 이 중의 80명을 마적으로 선별해서 성 정부 소재지인 지난으로 보냈다. 그리고 이들을 이송 도중 외진 정원으로 유인해 기관총으로 사살했다. 그중 3명만 겨우 도망쳤다고 한다.

산둥 성 가오미 지역의 도적떼 이야기는 당시 중국 사회가 안고 있는 치안의 부재를 상징적으로 보여준다. 대략 송나라 시기부터 천 년 동안 이러한 특수한 역사가 지속되었고, 이것이 바로 도적떼의 재난 사다.

명나라 때 여행가였던 서하객은『서하객유기(徐霞客游記)』이라는 명 저를 남겼는데, 그의 저서에는 여행을 다니면서 겪었던 도적떼 에피소드가 소개된다. 한 번은 후난(湖南) 흥양 샹지앙에서 밤에 배를 타고 이동하는 중에 해적을 만나게 된다. "해적들은 괴성을 지르면서 쳐들어 왔고, 칼과 화살을 비처럼 쏟아 부었다."라고 경험담을 적었다. 당시 일행들이 부상당했고 짐과 재물은 모두 빼앗겼다. 서하객도 알몸으로 강에 뛰어내려 죽음을 간신히 피했다. 그리고 왕도(王韜)의 소설『송빈쇄화(淞濱瑣話)』에서는 "아직 마적들은 깨끗이 숙청되지 않았고 먼 곳으로 가는 것을 경계해야 한다."라고 적혀있다. 청 때 리바오자(李寶嘉)가 지은 소설『관장현형기(官場現形記)』에 묘사된 마적은 다음과 같다. "우리는 마적에게 당해서 집집마다 가족과 재물을 모두 잃었다. 통령 대인에게 드릴 재화는 더 이상 없다. 제발 가엾이 여겨 용서하길 바란다."라는 내용이다. 이 책은 청나라 말기의 국가와 사회의 정세, 관리들의 부패를 담고 있다.

청나라 말기 국경을 관리하던 잠춘훤(岑春煊)은 19세기 초 양광(兩廣) 총독직을 맡고 있을 때 잔인한 방법으로 마적을 토벌해 이름을 날렸다. 전해지는 바에 의하면, 그는 칼로 마적의 가슴과 배를 가르고 사람들이 보는 앞에서 피를 그릇에 받아 마적의 피를 마신 적이 있다. 마적들도 이 소문을 듣고 놀랐다고 한다. 이렇게 잔인한 수단으로 인해 일부 지역에서 마적의 수가 줄어들었지만, 전국적으로는 오히려 계속 늘어났다. 마적은 민국 시기까지 겁 없이 날뛰었다. 민국 시기 도탄에 빠진 민중, 부정부패와 전란, 그리고 빈번히 일어나는 자연재해로 인해 셀 수 없이 난민과 유민이 늘어나고, 병사들이 통솔력을 잃은 것은 모두 마적이 계속 늘어난 중요한 배경이다.

민국 시기 중국 농촌 경제의 불황은 사회 양극화를 가속화시켰다. 농촌 인구수의 5%가 안 되는 지주들이 대부분의 땅을 소유했다. 예를 들면, 민국 시기의 쑤이위 성에서 90%의 토지가 지주의 소유였고, 남부지역의 일부 성의 토지 60~80%를 소수의 지주들이 점유했다. 반면에 대부분 농민들은 극소수의 땅을 갖고 있었다. 화중과 화남 지역의 농민들은 한 뼘의 자기 땅도 갖고 있지 않은 경우가 50%를 넘을 정도였다. 동북 지역에는 땅이 없는 농민이 인구의 75%를 차지했다. 심각한 경제적 착취와 정부의 과도한 세금 정책으로 인해 수많은 농민이 파산했고, 더 이상 희망이 없는 농민들이 마적이 되기를 선택하는 악순환이 계속되었다.

1911년부터 1937년까지 중국은 군벌 간 전란의 시기였다. 10여 개의 군벌이 중국을 분할했다. 강력한 군벌들의 지배 지역 안에서도 여러 작은 규모의 파벌들이 있었다. 약 20년 동안에 군벌들 간의 대규모 전쟁은 66회 정도 일어났는데, 이 중의 세 번은 전국적으로 큰 영향을 미친 대전이었다. 작은 분쟁들은 셀 수 없이 빈번했다. 1912년부터 1933년까지 쓰촨 지역에서만 크고 작은 전쟁이 470번이나 발생했고 매년 평균 20번이 일어났다. 전쟁이 일어나면 반드시 승부에 따라 패전병이 생기기 마련이다. 패전 병사들은 생계수단이 없기 때문에 무기를 들고 마적이 될 확률이 높았다.

1911년부터 1922년까지는 170번의 군사정변이 일어났다. 군사정변 중 병사들은 대부분 마적이 되었다. 장기간의 전란으로 인해 수많은 마을 주민들도 낮에는 농사를 짓고 밤에는 마적 노릇을 하는 이중 생활을 할 수밖에 없었다. 전란으로 인한 혼란 외에도 자연재해가 빈번히 일어나 마적의 출몰을 더욱 악화시켰다. 민국 역사는 자연재해의 역사라고 부를 정도로 처참했다. 민국 성립부터 1937년까지의 25년 동안에 홍수가 24번, 대기근이 14번 있었다. 더불어 강풍, 우박 그리고 서리 피해 등을 합치면 약 77번의 자연재해가 광범위하게 발생했다.

1915년 여름에는 주강(珠江) 유역에 홍수가 나서 주강 삼각주 지역의 18개 현에서 피해 인구가 378만 명에 달했다. 그리고 1917년에 산시, 허베이와 산둥지역의 난민 수가 635만 명으로 증가하였고, 사망자 수는 너무 많아서 통계가 불가능했다. 1920년 화베이 지역에는 가뭄 재해를 겪은 현이 340개가 있었고, 사망자 수는 50만 명을 넘었으며 3,000만 명의 난민들이 집을 잃어버렸다. 1921년에는 산둥과 산시, 그리고 허난 3개 성, 148개 현이 홍수 재해를 당했는데 난민 수가 천만 명이 넘었다. 1922년에는 장쑤(江苏), 저장(浙江), 그리고 안휘(安徽)에서 일어난 홍수 때문에 1,200만 명의 난민이 집을 떠났다. 쓰촨, 구이저우, 윈난, 후난, 장시 5개 성은 가뭄 재해를 당했는데, 쓰촨 지역에서만 굶어 죽은 사람이 30만 명이 넘었다. 1923년에 발생한 홍수는 12개 성까지 영향을 미쳐 사망자 수는 10만 명을 넘었고, 1925년 8월에 황화스 근처 황허의 제방이 터져서 2,000㎢의 구역이 수몰되었는데 그때 발생한 난민의 수가 200만 명을 넘었다. 그리고 1928년과 1930년 사이에 화베이와 시베이(西北)의 가뭄 재해로 인해 1,000만 명의 난민이 죽었다. 1931년에는 화둥과 화중 지역 8개 성의 290개 현에서 홍수 재해가 발생해 피난민 수는 1억 명이 넘었고 사망자 수는 14만 명이 넘었다. 그리고 홍수 이후의 기근과 역병 때문에 죽은 난민의 수가 300만 명을 넘었다. 1932년에는 전국 10여 개의 성에서 가뭄이나 홍수가 일어났고 난민이 천만 명이 넘었다. 1933년 8월에 황허의 제방이 다시 터져서 364만 명의 난민이 생겼고, 1934년에 화중,

청나라 말기 베이징 신파 위안 죽 공장에서 식량의 공급을 기다리는 난민들. (비주얼 차이나)

화베이, 시베이와 화동의 11개 성에서 홍수가 발생해서 3억 5천만 모의 논밭이 사라졌고 기근으로 인해 600만 명의 난민이 굶어 죽었다.

저장 지역은 홍수 때문에 14만 명이 죽었고, 산둥 허저 린푸지 지역의 제방이 터져서 산둥성 서부 지역의 13개 현과 지앙쑤 북부 지역의 10개 현이 피해를 입어 최소 340만 명의 주민이 난민이 되었다. 1936년 여름부터 1937년까지 쓰촨에서 발생한 가뭄은 130여 개 현의 3,500만 명의 주민들이 피해를 주었다.

경제 불황과 정치 부패가 당시 중국을 사분오열로 만들었다. 국가를 더 이상 다스릴 수 없고 사회는 질서 없는 무법천지가 되었다. 자연재해로 인해 생겨난 난민들은 어떠한 지원도 받지 못해 지역 곳곳에서 굶어 죽은 시체가 가득했다. 당시 신문기사를 살펴보면, "난민들은 이동하면서 무리를 짓고 마적이 되어 사방에서 약탈했다. 추위와 배고픔을 참지 못한 난민들이 마적에 가입하기 시작했고, 이러한 추세는 날로 급증하고 있다. 마을 주민들의 절반이 자신의 논밭이 없었다. 자기 땅은 한 뼘도 없이 평생 농사만 지었던 농민들이 마적에 가입하기 시작했다"라고 적혀있다. 학술연구 자료에 근거하면, 민국 시기의 마적 수는 약 2,000만 명에 달했다고 한다. 장쑤, 산둥, 허난과 안휘 등 성의 변방에서 활동한 마적만 30만 명이 된다. 2km가 안 되는 거리에서도 바로 마적꾼이 있었고, 일부 마을 전체가 마적꾼이 된 곳도 있었다. 심지어 일부 지역에서 마적이란 신분이 자랑거리가 되어 마적을 현지의 '누리'라고 표현하기도 했다. 마적들은 길을 막고 물건을 약탈하거나 민가를 습격해서 재산을 빼앗았다. 마적의 대상은 부유한 가옥이나 상인만이 아니었다. 시장의 장사꾼이나 가난한 일꾼들도 약탈의 대상이었다. 그들은 잔돈 부스러기도 가리지 않고 약탈했고, 잡힌 인질의 몸값으로 계란 한 바구니를 받기도 했다.

곳곳에 마적이 있었지만, 전국 각 지역에서 여러 개 대규모의 마적 무리가 형성되었다. 동베이 지역에서 활동한 '붉은 수염'이라는 마적꾼, 화베이 평원 지대와 산둥 지역의 '시앙마', 그리고 시앙시(湘西) 지역에서 수백 년 동안 활동했던 '산비(山匪)', 산둥, 허난, 지앙쑤와 안휘 변방의 '변비', 그리고 푸지안(福建)과 광둥 해변 지역의 해적, 타이후(太湖), 차오후(巢湖), 홍저후(洪泽湖), 위산후(微山湖)와 둥팅후(洞庭湖) 등 내륙 호수와 강에서 노략질을 하는 '호비(湖匪)' 등이 있었다.

민국 시기의 둥베이 지역 곳곳에서 마적들이 출몰했다. 현 지역을 넘어 향촌과 마을 안까지 마적의 근거지가 있었다. 많게는 수천 명, 적게는 수백수십 명에 달하는 마적 무리가 넘쳐났다. 1940년대 말, 마적의 수는 최대 30만 명에 달했는데 당시 둥베이 지역의 전체 인구는 4,100만 명에 불과했다.

당시 후난 지역의 마적은 18만 명에 이르렀다. 후난 서부 지역에만 10만 명이 있었다. 시양의 20여 개의 현마다 한두 명의 마적꾼이 상주했고, 그들은 주요 교통로에서 관광객을 습격하고 금품을 약탈했다. 시양 후앙현의 마적 야오따방(姚大榜)의 집안은 대대손손 강도 짓을 했다. 선조 세대에서 24대손인 야오따방까지 마적 행위가 대물림되었다. 그는 10대부터 집안의 어른들을 따라 약탈 짓을 하기 시작해 어느덧 60이 넘은 나이까지 도적 짓을 했다. 1949년 신중국 건국 이후 중국 정부는 마적 숙청 작업을 대대적으로 펼쳤고, 그는 결국 총에 맞아 죽었다.

1930년대의 허난 서부지역은 안전한 곳이라곤 찾아볼 수가 없었다. 바오펑, 우양 두 현에서만 30여 개의 마적 떼가 있었고, 난야에서 유명한 다간페이(大村匪)만 32무리가 되어 만 명이 넘었다. 30~50명으로 구성된 마적 떼는 셀 수도 없었다. 덩현에서 다간페이 마적한테 납치된 사람들은 밤에는 도망갈 수 없도록 줄에 묶여 있었고, 낮에는 한 줄로 묶여 마적을 따라 이동해야 했다. 몸값을 낸 사람만 석방이 되었고 거의 매일 새로운 납치자가 늘어났다. 낮에 마적을 따라 이동하는 납치당한 사람만 500~600명이나 되어 마치 한 줄에 묶인 가축처럼 보였다.

1920년대의 산둥에는 47무리의 마적이 있었다. 1930년에 마적의 수가 100만 명이 넘었고, 모옌의 고향 가오미 근처인 웨이팡에는 지역민에게 큰 공포를 준 마적 떼도 있었다. 1930년, 당시 29살이었던 태이관산(泰冠三)은 그 마적 무리의 두목이 되었다. 1940년까지 그의 마적 집단의 인원은 3,000명이 넘어 '진비'라고 불렀다.

그들은 주로 칭저우(青州), 창러(昌乐), 쓰우광(寿光)과 웨이팡(潍坊) 일대에서 길을 막고 약탈하거나 사람을 납치해서 몸값을 받는 등 더없이 흉악했다. 그는 인질을 납치한 후 지정된 시간 내에서 인질의 몸값을 못 받으면 바로 인질을 죽였는데, 인질의 가족들은 시체를 받을 때에도 몸값을 줘야 했다.

산둥의 마적은 전 세계를 놀라게 한 '열차 약탈 사건'을 벌였다. 1923년 5월 6일, 순메이야오(孫美瑤)가 우두머리인 마적 떼가 허베이 린청 지역의 철길에서 십여 미터의 못을 뽑아 열차를 뒤집었다. 마적들은 열차를 약탈했을 뿐만 아니라 열차에 있는 100여 명의 중국 승객과 미국, 영국, 프랑스 그리고 이탈리아 등 여러 국가에서 온 20여 명의 승객을 모두 이현 바오두구의 근거지로 납치했다. 당시의 북양 정부는 타국의 압박을 받아 마적과의 교섭을 시도했다. 교섭 과정에서 북양 정부의 고위층 중 한 명은 자신이 대신 인질이 되겠다고 자청하기도 했다. 한 달이 넘도록 교섭한 결과 마적 떼는 정부에서 공식적으로 임금을 받는 '산동신편여' 부대로 편입되는 조건으로 승객을 모두 석방했다. 순메이야오는 여단장 직을 위임받았다. 이 사건 이후 여러 마적 떼들이 '양피오(외국인 납치를 표현하는 단어)'의 이점을 깨달았고 잇달아 모방 범죄가 나타났다. 중국 각 지역에서 외국인 납치 사건이 발생한 것이다.

산둥에서 가장 유명한 마적 두목은 류헤이치(劉黑七)다. 류헤이치의 본명은 류귀탕(劉桂堂)이고 산둥 페이현에서 태어났다. 1915년에 그는 현지의 몇몇 건달들을 모아 조직을 만들어 마적 생활을 시작했다. 1928년까지 만 명이 넘는 마적단을 구축했고, 산둥 남부지역에서 규모가 가장 큰 마적단이 되었다. 다른 마적들과 마찬가지 납치와 협박이 일상이었는데 그는 다른 마적보다 특히 더 잔인했다. 지정한 날짜 안에 인질의 몸값을 보내지 않으면 인질의 가족에게 납치된 사람의 귀나 눈을 바로 보냈다. 한 번 더 정해진 날짜가 지나면 인질을 반드시 죽였다. 살해 방법도 잔혹해서 칼로 찌르거나 자르거나, 생매장하거나 심장을 파는 등 흉악하고 잔인한 방법을 가리지 않았다. 류혜이치의 마적단은 여러 차례 마을 전체를 죽이는 천인공노할 만행을 저질렀다.

1927년 2월 10일, 류혜이치의 마적단은 산둥 핑이(平邑)현 난샤오이촌에 쳐들어갔다. 하지만 그 촌락의 주민들은 가난에 찌들어 거지와 다름없었고, 마적단의 요구를 충족할 수 없었다. 류혜이치의 지시하에 마적들은 난샤오이촌을 포위해서 주민들을 모두 죽이고, 집은 불태웠다. 마을의 735명의 주민 중 346명이 살해당했고, 마을의 모든 재산을 빼앗겼다. 1928년 3월 29일, 류혜이치 마적단이 페이현 다쓰이안(大泗彦) 마을에 가서 약탈했을 때에는 주민들이 힘을 모아 강렬히 저항하자, 92가구의 총 637명 중 559명을 죽였고, 48개의 집을 폐가로 만들었다. 그리고 다른 마을에서 마적을 피해 온 388명도 살해당하여, 총 947명이 죽은 사건이었다. 전하는 말에 의하면 류혜이치는 평생 살해한 사람만 만 명이 넘었다고 한다. 류혜이치는 1943년 페이현에서 팔로군에 의해 사살되었다.

곳곳에서 마적떼들이 등장하는 어지러운 환경이다 보니 관광객은 언제나 약탈 당하기 쉬운 상대였다. 그래서 관광객의 여정 동안 관광객을 보호해 주는 업종인 '표국'이 생겨났다. 표국은 주로 다른 사람의 재산이나 안전을 보호해 주고 보수를 받는 직업이다.

표국이 처음 생긴 곳은 청나라 초의 금융업이 발전된 산시 지역이었고, 점차 전국 주요 상권으로 확장했다. 표국의 종사자들은 대부분 유단자들이었다. 그들은 자연스럽게 형성된 집단이거나 무술 가문에서 나온 문하생, 또는 퇴역한 군인들이었다. 표국업은 청나라 말기에 가장 번성했다. 전국 표국의 수를 통계로 알 수는 없지만, 베이징 지역에만 씽룽, 융씽, 정씽, 톈씽, 시광위, 동광위, 푸위안, 휘유 등 팔대 표국으로 불린 큰 표국들이 있었다. 이 중에서 규모가 가장 크고 명성이 가장 높은 표국은 '휘유표국'이며 장사가 잘 됐을 때는 표국의 종사자만 천 명이 넘었다.

표국이 하는 일은 '쯔우비아오(走鏢)'라고 불렸다. 표국업 종사자는 비아오스(鏢師)라고 했다. 표국업은 여정의 거리, 도로 환경, 위험도, 맡은 물건(사람)의 가치 등을 기준으로 보수를 측정했다. 업무의 높은 위험성 때문에 비아오스는 매번 나가기 전에 항상 집안의 모든 일을 미리 점검하고 출발했다. 한 번 나가면 다시는 돌아올 수 없을지도 모르기 때문에 만전을 기해야 했다. 호송하는 귀빈이나 재산을 실은 차량은 '비아오처(镖车)'라고 부른다. 호송 도중에서 비아오스들은 표국의 명칭, 즉 비아오하오를 큰 소리로 외치면서 이동하고 비아오처 위에는 비아오스 두목의 이름을 적힌 삼각형 깃발을 꽂았다. 마적들이 깃발을 보고 누가 호송하는지 바로 알 수 있도록 한 것이다. 대부분의 비아오스는 무림의 고수들이었고, 마적들은 비아오하오를 듣거나 깃발을 보고 쉽게 약탈을 시도하지 않았다.

　민국 시기, 마적의 약탈은 예전보다 더 심각해졌지만 표국의 업무는 오히려 쇠퇴했다. 마적단은 점차 커지면서 총으로 무장했지만, 표국은 여전히 전통 무술 위주로 대응했기 때문이다. 더 이상 피보호자와 재산과 안전을 보장할 수 없게 되면서 표국은 쇠퇴할 수 없었다. 기차, 자동차 그리고 증기선의 활용도 표국 사업이 주요한 쇠퇴 요인이다. 1921년 베이징 휘유표국이 문을 닫은 사건은 300년의 역사를 지닌 표국의 마침표를 의미한다. 그 이후에도 2~30년 동안 표국이 운영되기는 했지만 쯔우비아오가 아닌 부자와 벼슬들의 집과 정원을 지키는 일을 주로 했다.

　옛 중국에서 멀리 이동하는 것은 매우 어려운 일이었다. 하지만 아무리 어렵고 위험하더라도 생계를 유지하기 위해서 먼 길을 떠나는 사람들이 있었다. 빈번한 자연재해와 전쟁은 중국 인구와 자원의 균형을 파괴했다. 그래서 수천만 명의 사람들이 '쯔우시거우(走西口)', '시아난양(下南羊)', '푸진산(赴金山)', '추앙관둥(闯关东)' 등으로 이주의 길을 떠나기 시작했다. 이 길은 가시밭길이었고 피눈물로 가득했다.

'쯔우시거우(走西口)'는 비장한 중국인 이주 역사의 한 챕터이다. 명나라 장성 북쪽의 네이멍구 서부 구역은 넓은 땅을 비해 거주자가 거의 없었다. 허베이 장지아코우(张家口) 서쪽의 만리장성에는 여러 관문을 만들었는데, 이 관문은 시거우(西口)라고 칭한다. 청나라 초부터 1949년 신중국이 성립할 때까지의 300년 사이에 산시(山西), 산시(陕西)와 허베이 3개 성의 수만 명의 난민들은 만리장성을 넘어 북쪽으로 생계를 도모하러 갔다. 서쪽의 관문을 향한 사람들의 짐은 매우 간단했다. 멜대 위의 간단한 짐과 음식, 그리고 물이 전부였다. 그들은 산시(陕西)의 선무(神木), 푸구(府谷), 산시(山西)의 허취(河曲), 바오더(保德) 등 지역에서 출발해서 관외로 이동했다. 그들이 모우수(毛乌素) 사막, 고원지대 그리고 황허를 넘는 도중에, 마적의 약탈을 당하고, 강풍과 눈, 그리고 황사의 위협을 직면하는 것은 일상이었다. 산시(山西)성 한 지역에서만 백만 명이 넘는 사람들이 시거우를 통과해서 서쪽으로 향했다. 하지만 가는 길마다 낙오되어 쓰러진 사람이 셀 수 없이 많았고 언덕과 잡초 사이에 백골이 된 시신도 많았다.

근대 중국 동남 연해 지역의 주민들이 동남아로 이주한 '시아난양'의 길도 마찬가지로 눈물과 피의 여정이었다. 17세기부터 서양 국가의 식민지가 된 동남아 국가에서는 노동력이 많이 필요했다. 자연재해와 전쟁을 피해 중국 동남 연해 지역의 주민들은 동남아 국가로 떠나기 시작했다. 아편전쟁 시기부터 20세기 초까지 육체노동자를 매매하는 '시아난양' 시장이 형성되었다. 청나라 말기에 서양 양행(洋行)은 중국 동남 연해 지역에서 중국인 노동자를 고용하는 형식을 이어 갔고, 이는 주로 '메이주쯔(卖猪仔, 팔려가는 돼지)'라고 불렸다. 1912년에 중화민국 정부가 '주쯔(猪仔)' 매매 금지령과 화교 보호령을 발포할 때까지 200여만 명의 동남 연해 주민들이 노예처럼 동남아시아로 팔려갔다. 20세기 초부터 신중국 성립했을 때까지의 50년 동안에는 500만 명이 또 남양으로 넘어갔다. 바닷길은 바다가 험해 언제나 배가 뒤집힐 수 있다는 위험을 가지고 있었다. '주쯔'는 오직 노후하고 공기가 혼탁하며 위생시설도 하나 없는 작은 선실에서 움츠려 지내야 했다. 그리고 선원과 매매 상인들의 학대까지 당해야 했고 병에 걸리면 치료를 받을 수 없었다. 그래서 수많은 중국인 노동자들이 배에서 죽는 경우가 많았으며, 시체는 바다에 버려졌다.

'푸진산(赴金山)'은 10세기 중엽에 흥한 또 다른 이주 붐 중에 하나이다. 푸진산의 목적지는 미국 캘리포니아의 샌프란시스코이다. 그런데 최초의 이민자는 대부분 유괴 당한 사람들이었다. 1848년 샌프란시스코에서 금광을 발견했고, 시금 노동자가 많이 필요했다. 그래서 상하이와 샌프란시스코 사이에서 무역을 하는 상선들이 중국인을 유괴해서 샌프란시스코로 팔아넘겼다. 세월이 지나 상하이란 지명은 미국의 구어에서 심지어 '유괴'란 뜻으로 쓰이기도 했다.

1848년 이후 30여 년 동안 30여만 명의 중국인 노동자는 미국에 가서 시금 일과 철도 공사 등 현지 백인들이 하지 않는 고생스러운 일을 했다. 특히 미국을 관통하는 3,000km의 대륙횡단철도 공사 공정 중 4/5를 14,000명의 중국인 노동자들이 만들었다. 중국인 노동자는 더위와 추위를 견디고 산과 계곡, 사막과 호수를 관통해 일을 완수했다. 공사 과정에서 상해나 사망 사건도 자주 발생했다. 100마일의 살레 산맥의 공사 구간에서 중국인 노동자의 사망률은 10%가 넘었다. 한 번은 눈사태로 수천 명의 노동자가 목숨을 잃었다. "침목마다 중국인 노동자가 잠자고 있다"라는 말이 있을 정도였다. 전체 준공 기간은 14년이었으나 중국인 노동자는 이를 1863년부터 1870년까지 7년 만에 해냈다. 그러나 철도 개통식에서 초대받은 중국인 노동자는 단 한 명도 없었다. 그들은 오직 '주쯔(猪仔)'일 뿐이었고, 노예나 다름없었기 때문이었다. 이러한 비천한 신분은 중국을 떠날 때 이미 정해진 숙명이었다.

중국인 노동자가 샌프란시스코로 가는 과정은 생지옥이었다. 선장은 돈 때문에 중국인 노동자의 목숨을 무시했다. 탑승 인원 초과는 일

1883년, 캐나다 태평양 철도 공사를 하는 중국인 노동자들.

1869년 5월 10일, 미국의 대륙을 관통하는 대륙횡단철도가 처음 준공되었다.
사람들이 두 기관차 앞에서 샴페인을 터뜨리고 철도의 개통을 경축하는 모습이다.
그러나 철도 공사의 주 인력이었던 중국인 노동자들은 한 명도 개통식의 초대를 받지 못했다. (비주얼 차이나)

상적인 일이었다. 3개월이 넘는 긴 항해에서 중국인 노동자는 항상 화물 창고에 갇혀 지냈다. 사람이 차지할 수 있는 공간은 한 척도 채 되지 않기 때문에 짐짝과 다름없었다. 맑은 공기와 햇빛이 차단되고, 음식과 물도 부족했다. 그리고 질병, 굶주림, 질식과 재해 등 수많은 악재로 인해 수많은 중국인 노동자가 도착 전에 목숨을 잃었다. 1854년 7월, 두바스호가 암초에 좌초돼 80명의 중국인이 죽었고, 같은 해 10월에 리버다호의 과적으로 인해 90여 명이 질병으로 죽었으며, 샌프란시스코에 도착한 후에는 9명이 더 죽었다. 미스몬타구호를 탑승한 450명 중국인 노동자 중 300명이 항로에서 병사했고, 380명이 탑승한 갓블레스호는 338명의 사망자 수를 남겼다. 1855년 시야스호는 바다에서 210일 동안 표류했는데 다수의 탑승자가 죽었다. 1850년 이후 10년 사이에 중국인 노동자를 운송한 선박의 과적과 해난으로 인한 사망률은 30~50%에 달했다. 일부 선장들은 과적을 핑계로 일부러 중국인 노동자를 바다로 버리기도 했다.

만리장성 동쪽 끝의 산해관을 경계로 중국의 동북 지역은 관동이라고 부른다. 청나라 중엽까지 자원이 풍부하고 토지가 비옥했던 동북 지역에 거주민은 매우 적었다. 10세기 말부터 신중국이 성립하기까지 50여 년 동안 전쟁과 자연재해를 입은 산둥, 허베이와 산시 지역의 수만 명 난민들은 산해관을 넘어 동북 지역에 정착하기 시작했다. 이

것이 바로 '추앙관둥(闯关东)'이다. 1893년 동북 3성 지역의 총인구 수는 600만 명이었는데, 1910년에는 1,977만 명에 달했다. 십여 년 사이에 두 배로 증가했고, 신중국이 성립하기 직전에는 4,100만 명을 넘어 50여 년 동안 7배로 급증했다. 추앙관둥은 인류 역사상에서도 보기 드문 인구 대이동이다. 상하이의 영자 신문 〈화베이통보(华北通报)〉 기자는 산해관 소재지 융핑부(永平府)의 길을 지나가는 사람들을 관찰했다. "30분 동안 270명이 지나갔고, 20분 만에 218명이 지나갔다. 두 통계는 별도의 날짜에 수집되었고, 매일 지나간 사람의 합리적 평균 수치로 볼 수 있다."

수천 리의 여정에서 낡아 빠진 옷을 입은 사람들은 6개월이 넘은 기간 동안에 짐을 들거나 차를 밀면서, 가족과 함께 괴로움을 이겨냈다. 일본 작가 히라타카(小越平隆)가 1902년에 출판한 〈만주 여행기〉에는 오늘의 선양 동쪽 지역에서 본 산동 난민의 어려운 여정의 장면을 이렇게 기록했다. "펑톈에서 싱징으로 가는 길에서 산동에서 온 차를 봤다. 여자는 차 위에 앉아있었고 아이들은 계속 울고 있었다. 여자의 동생은 앞에서 차를 끌고 오빠는 뒤에서 차를 밀었다. 노인들은 지팡이를 짚고 다니고 젊은 여자들은 상부상조해서 걸었다. 남편을 욕하는 부인도 있고, 자녀를 계속 부르는 노인도 있다. 비참한 울부짖음은 끝이 없었다. 퉁화(通化)로 가는 사람이 있고, 회런으로 이동하는 사람

추왕관둥의 굶주린 난민들

추왕관둥의 길에서 쓰러진 난민

도 있고, 하이룽청으로 향하는 사람과 차오양진으로 가는 사람들 등 끝이 없는 행렬이었다."

수많은 걸인들이 구걸하거나 잡일을 하면서 길을 걸었다. 추위와 굶주림, 그리고 질병 때문에 길가에서 죽은 사람의 숫자가 셀 수 없을 정도였다.

이 모든 이야기는 이미 지난 과거의 일이다. 오늘날의 중국에는 풍요로운 삶을 기대하는 사람들로 가득하다. 여행을 할 때는 더 빠르고 편한 기차를 타고 여러 도시들 사이를 왕래하고 있으며, 넓은 비행기를 타고 세계 각지로 출장, 유학, 여행 그리고 사업을 하러 언제든지 떠날 수 있다. 이들은 모두 평등한 대우를 받는 귀한 손님이기 때문이다.

이제는 관광객이 어디로 여행을 떠나든지 마적에 관련된 이야기를 더 이상 들을 수 없다. 중국은 전 세계에서 인증받은 가장 안전한 국가 중의 하나다. 2017년 세계 안전 종합 순위에서 중국은 200개 나라 중의 14위를 차지했다. 전 세계 200개 나라 중 평균 10만 명마다의 살인 범죄 발생률로 볼 때에 중국과 스위스, 노르웨이, 일본, 오스트리아, 아이슬란드, 싱가포르 그리고 체코는 전 세계에서 가장 낮은 비율을 차지한 8개 나라로 공인받았다.

오늘날 중국은 사회 전반적으로 안전한 국가다. 전란이 가득하고 어수선한 세상은 이미 먼 과거의 일이다. 현대 중국의 군대는 굳건하며 세계 최강의 군사력을 보유하고 있다. 중국 군대는 국가의 안전과 통일뿐만 아니라 중국 인민의 재산과 안녕을 보장하는 임무를 성실히 수행하고 있다. 모든 중국인은 1998년 양쯔강의 홍수나 2008년 원촨 지진 등 자연재해가 발생했을 때 제일 먼저 투입되어 헌신한 것을 기억한다.

중국은 지금도 자연재해가 빈번히 발생하기 때문에 중앙정부는 이를 대비해 기초 물자를 마련해두고 있다. 그리고 갑자기 발생하는 사

상하이 푸동 국제공항. (비주얼 차이나)

베이징 수도 국제공항. (비주얼 차이나)

고를 막기 위해 재해방지 시스템을 준비하고 있다. 부대, 무장경찰, 공안, 소방, 의료인 그리고 기업과 사회의 각 계층의 인사는 물론 수많은 자원봉사자들이 신속히 재해 지역에 모인다. 아무리 심각한 자연재해가 갑작스레 발생하더라도 더 이상 과거처럼 집을 잃어버린 난민들의 모습을 볼 수 없다. 재해를 입은 수재민이 먹을 것과 입을 것, 그리고 깨끗한 마실 물과 거주할 수 있는 장소가 모두 제공되며, 의료

1998년 7월 하순부터 9월 중순까지 중국 양쯔강 전 유역에서 거대한 홍수가 발생했다. 지앙, 후난과 후베이 등 여러 강가 지역의 주민들이 생명과 재산의 위협을 받았다. 이때 중국은 18만 명의 군인을 긴급 구조대로 현장에 보냈다. (비주얼 차이나)

와 구급, 심지어 아이들이 공부할 수 있는 교실까지 마련된다.

2008년 5월 12일, 쓰촨성 원촨 지역에 리히터 규모 8.0의 지진이 발생했다. 당시 진앙지 주변 여러 성의 237개 현이 재해를 입었다. 이 중에서 10만 제곱킬로미터 내의 10여 개 현과 시가 커다란 피해를 입었다.

지진의 피해가 심각한 지역은 차핑산맥과 치웅라이산맥의 내륙 지역이었다. 강력한 지진이 산사태로 길이 막혔고 통신 시설이 모두 파

1998년 양쯔강 홍수를 막고 지우지 댐을 보호하는 중국 해방군. (비주얼 차이나)

1998년 8월 9일, 지우지앙 댐이 터진 지 3일째 되는 날, 파견부대의 군인들이 모기가 가득하고 습한 바지선에서 쉬고 있는 모습. (비주얼 차이나)

1998년 9월 20일, 장시성 지우장 지우장(九江) 기차역에서 전 난징 군사구역 부사령관, 지우장 구조대 총사령관 둥완뤼(董万瑞)가 2달 동안 고생한 긴급 구조대 군인을 배웅하는 모습. (비주얼 차이나)

괴되었다. 주요 재해 지역은 외부와 교통과 연락이 모두 끊겼다. 진앙지 주변의 구원 작업을 빨리 전개하기 위해서는 재해 현황을 파악하고 재해 지역과 연락하는 일이 시급했다. 따라서 중국 공군의 낙하산 특수부대 리전부어(李振波) 대령을 리더로 하여 14명의 특공대를 진앙지로 급히 파견하였다.

오늘날에는 마방이 역사 속으로 사라졌다. 중화인민공화국이 성립한 이후 마방은 1999년까지 존재했다. 그때까지 남아있던 주요 마방은 윈난 궁산현의 '국가 마방(国家马帮)'이 대표적이다. 이들은 주로 소

送亲人鱼水深情难舍难分

热烈欢送抗洪子弟兵胜利

江一棉子弟学校

1998년 9월 15일 새벽, 홍수 재해 구조를 성공적으로 마친 군인 중 6,000명이 먼저 장시성 지우장를 떠나는 소식을 듣고 자발적으로 모인, 25만 명의 지우장 시민들이 눈물을 흘리면서 그들을 보내는 모습. '가족을 보낼 수 없는 아쉬운 마음이 가득하다'는 구절의 깃발 아래서 구조대 군인의 손을 잡고 놓지 못하는 시민의 모습. (비주얼 차이나)

원촨 지진 후 베이촨(北川) 옛 시내의 모습.

지형이 복잡한 고원지대에서 지면 지휘, 지면 표기와 기상정보가
없는 상황에서 15명의 공수 특공대원이 유서를 남기고 비행기에
서 구름이 가린 진앙지로 뛰어드는 모습. (인민의 시각)

쓰촨 베이촨에서 구조를 받은 3살 어린이 랑정이 인민 해방군 군인한테 경례를 하고 감사의 표현을 하고 있다. (비주얼 차이나)

옛 청두 군사구역 공군 구조대가 청두 주요 재해 지역 펑저우(彭州) 룽먼 산전에서 긴급 수색을 하고
폭우 속에서 몸으로 사다리를 만들어 부상자를 옮기는 모습. (인민의 시각)

수민족 두룽(独龙)족을 위해서 물자를 운송하기 위해서 교류했다. 두룽족은 대대로 윈난 서부 외진 지역의 두룽강 대협곡에서 살았다. 1년에 6개월 동안 눈이 오기 때문에 출입이 쉽지 않고 출입이 가능한 계절에만 생산과 생활의 물자를 보낼 수 있었다. 이 일을 하기 위해 국가 마방이 존재했던 것이다. 1990년대 중국 중앙정부는 20세기 말까지 차로가 없었던 마지막 소수민족 집단 거주지의 역사를 바꾸기 위해 1995년 4월부터 도로공사를 시작했다. 4,000여 명의 도로 노동자가 4년 동안 습지와 설산을 지나고 비바람과 산사태를 극복하면서 약 1억 위안을 투자한 96km의 두룽강도로가 1999년 9월에 완공되었다. 이를 기념하듯이 같은 해 말에 궁산현의 국가 마방이 해체되었다. 남은 150마리 말과 노새는 경매로 팔렸고, 마방꾼들은 다른 직업을 갖게 되었다.

마방 역사상 유일한 여성 두목이었던 티베트족 까다나(嘎达娜)는 관광 가이드로 변신했다. 6년 후 까다나(47세)는 다시 마방의 리더가 되었다. 2005년 5월 1일, 까다나는 말 120마리, 11개 민족의 43명 마방꾼으로 구성된 임시 마방을 이끌고 윈난 푸얼현에서 찻잎을 싣고 베이징으로 향했다. 애라오(哀牢)를 관통해서 우명산, 친링산맥 그리고 타이항(太行) 산맥을 넘고 양쯔강과 황허를 건너 6개 성과 시를 경유한 뒤 168일이 지난 10월 14일에 베이징에 도착했다. 전체 구간은

4,100km를 넘었다. 까다나의 조상이 찻잎을 갖고 베이징에 간 것은 이미 166년 전 아편전쟁 이전의 청나라 다오광 시기의 일이었다. 그러나 이번 여정은 자신의 생계가 아닌 공적인 목적이었다.

이번 마방의 목적은 희망공정(希望工程)을 위한 자선행사였다. 이 과정에서 동반자 순즈시앙은 교통사고로 죽었고 말 4마리도 죽었다. 그들은 가는 곳마다 모금행사를 개최했고 아이돌처럼 열광적인 성원을 받았다. 베이징에 도착한 이들은 개선장군처럼 특별 허가를 받고 VIP 통로를 통해서 톈안먼(天安门) 광장 게양식에 참여했다. 까다나가 어렵게 베이징으로 이동하는 동안에 큰며느리의 출산 예정일이 가까워

2005년 5월 27일, 까다나가 선두로 '자선 마방'은 윈난 띠안츠에서 행진하는 모습. (신화사)

졌다. 학교에 간 적이 없는 그녀의 소원은 곧 태어날 손자와 많은 아이들이 보다 좋은 교육을 받아 자신이나 자신의 조상과 다르게 생활의 방식을 선택할 기회를 갖는 것이었다.

오늘날 '쑤다오난(蜀道难)'의 관광객은 이미 고인이 된 이들의 시나 색이 바랜 오래된 사진, 백 년 전의 필름, 그리고 암벽과 하나가 된 옛 잔도를 추모하고 있다. 오늘날 쓰촨은 6,680km의 철도로 중국의 다른 도시와 연결되어 있다. 이 중에서 720km는 고속철도로 연결되어 있다. 옛날에 왕양을 놀라게 하여 고향으로 돌아가게 만들었던 쑤다오(蜀道)는 이제 시안부터 청두까지의 4시간 밖에 걸리지 않는 길로 변했다. "아침에 시안에서 양고기탕과 찐빵을 먹고, 저녁에는 청두에서 마라탕을 먹는다"라는 꿈같은 말은 누구나 실현할 수 있는 말이 되었다.

지금 쓰촨의 교통망은 7,238km의 고속도로와 4만 1천 km의 국도, 그리고 28만 km의 농촌 국도로 구성되어 있다. 이 도로를 통해서 외부와 연결되어 매일 출입하는 차량 중에서 쓰촨성의 차량만 1,000만 대가 넘는다. 오늘의 쓰촨은 14개 공항에서 140여 개의 국제 및 국내 항공선을 운영해서 중국 다른 도시 및 세계 각국과 교류하고 있다. 오늘날 쓰촨은 10,540km의 하천 항행 통로를 통해 쓰촨성 지역의 17개 항구와 연결되었고, 창지앙 항행 통로를 경유해서 창강 중하류의 각 항구와 연결된다. 더 나아가 상하이를 통해서 대양을 넘어 먼 곳까지

1946년 3월, 허베이성에서 두 줄로 배를 끌고 양쯔강을 거슬러 올라가는 인부들.
(비주얼 차이나)

뻗어 나간다.

　관광하기 고생스러웠던 쓰촨의 길은 편안한 길로 변했다. 중국 전체가 마찬가지다. 이 나라에서 모든 인민은 언제, 어디든 마음대로 여행을 즐길 수 있다. 이 모든 것은 신중국 성립 이후의 70년 사이, 특히 최근 40년 사이에 일어난 일이다. 그럼 중국 인민의 길은 과연 어떻게 한 걸음 한 걸음씩 걸어왔을까?

2019년 9월 29일, 70여 명의 중국 및 외국 기자들은 인터뷰 및 관광을 위해 베이징에서 출발해 텐진에 가는 징진청지(京津城际) 기차를 탔다. (비주얼 차이나)

양쯔강 시링씨아 후베이성 이창의 이링구 왕지아핑부터 리안투어두안까지
크루즈를 타고 여행을 즐기는 관광객들. (비주얼 차이나)

톈진의 중심 생태 스마트도시 운영센터에서
기자들이 자율 주행 판다 버스를 체험하는 모습. (비주얼 차이나)

충칭에서 샨샤(三峽)크루즈가 취탕씨아를 지나갈 때에 경관을
구경하러 갑판에 올라온 관광객들의 모습. (비주얼 차이나)

제2장

자전거 왕국에서
자동차의 바다로

중국을 알면 세계가 보인다

사회문화

시간을 몇 년 전으로 돌이켜 보자. 1990년대 중엽에는 중국 도시의 첫 인상은, 특히 베이징이나 상하이와 같은 대도시는 더더욱, 반드시 온 길에 모두 자전거로 가득 찬 장면이었다. 가장 장관은 출퇴근 시간대였다. 그때는 모든 도로에 자전거가 강물처럼 흐르는 모습이 보였다. 사거리와 철도, 길의 교차점에 빨간색 신호등이 켜지면 주변 도로는 순간 커다란 자전거 주차장이 되었다.

1991년, 상하이 신광로 교차점에서 출퇴근하는 사람들의 자전거 행렬. (비주얼 차이나)

방대한 데이터는 그 시절의 자전거 경관을 보증한다. 중국 도시 시민들의 자전거 보유량은 1993년에 최대치를 기록했다. 평균적으로 100명당 자전거를 197.2대 가지고 있었다. 통계적으로 가정마다 약 2대를 소지했던 것이다. 출퇴근하는 사람들은 거의 모두 한 대씩 가지고 있었다. 농촌의 자전거 보유 비율은 1993년에 평균 100명당 133.4대였는데, 2002년에는 142.7대로 늘었다. 그러나 그 이후에는 도시와 농촌 모두 자전거의 보유량이 감소하기 시작했다.

자전거 보유량이 감소한 시기는 자동차의 보유량이 늘어난 시점과 맞아 떨어진다. 오늘날의 중국에는 도시든 농촌이든 곳곳에서 자동차가 달리고 있다. 정부 기관과 기업, 학교와 동네 어디든지 모두 자동차를 사용한다. 국도와 시내, 그리고 농가의 마당 앞까지 사람이 있는 곳에는 반드시 자동차가 있다. 2019년 중국의 총 자동차 소유 대수는 2억 6천 대가 되었고, 운전면허증 소지자 수는 4억 3,500만 명에 도달했다.

자전거의 왕국에서 자동차의 바다가 된 도로는 중국인의 일상 교통수단이 변화했음을 보여준다. 결국 도로는 중국 사회의 발전을 나타내는 축소판인 셈이다. 짧은 십여 년 동안 사람들은 자전거 시대에서 갑작스러운 자동차 시대의 도래를 마주했다. 만약 우리가 훗날 이 역사를 되돌아보면 변화의 속도가 더 놀랍게 느껴질 것이다.

자전거의 발명은 긴 역사를 담고 있다. 최초로 자전거를 디자인한 사람은 이탈리아 르네상스 거장 중 한 명인 다빈치이다. 이탈리아에 있는 다빈치 박물관은 그가 그린 자전거 설계 초고를 지금까지 보존하고 있다. 초고의 그림에 의하면 다빈치가 구상한 자전거의 기본 구조와 체인을 통해서 뒷바퀴를 이끄는 전동장치가 현재 자전거의 구조와 매우 비슷하다. 그러나 최초로 자전거를 제작해서 활용한 사람은 중국 사람이었다.

상하이, 남북 육교의 야경. (비주얼 차이나)

청나라 초기의 문인 장조(張潮)가 편저한 《위추신즈(虞初新志)》는 대용(戴榕)이 쓴 글을 수록했는데, 이 글은 당시의 발명가인 황리장(黃履庄)이 1683년에 발명한 수동식 자전거를 다음과 같이 기록했다. "길이가 3자를 조금 넘고, 약 한 사람이 앉을 수 있는 자리다. 앞과 뒤에서 당기거나 밀어주지 않아도 자동으로 전진할 수 있다. 전진하거나 멈추는 것은 손으로 옆에 있는 손잡이를 제어하면 된다. 손잡이를 당기면 멈추고 원래대로 밀면 전진할 수 있으며 멈추고 싶을 땐 다시 당기면 된다. 하루에 80리를 갈 수 있다." 아쉽게도 이 발명은 크게 상용화되지 못했다. 그러나 황리장이라는 역사적 인물 덕분에 중국이 자전거의 왕국이란 호칭을 얻었음이 분명하다. 황리장의 자전거는 자전거 역사의 기원전 단계로 볼 수 있다.

프랑스의 드 시브라크는 유럽에서 최초로 자전거를 발명하고 사용한 사람이다. 그는 1791년에 목재 자전거를 발명했는데 구동장치와 방향 조정장치가 없어서, 자전거를 탄 사람이 발로 직접 자전거를 전진시키고, 내려서 방향을 돌려야 했다. 자전거는 그 이후 80년 동안 조금씩 발전되었다. 독일의 칼 드라이스는 자전거에 방향을 돌릴 수 있는 손잡이를 설계했고, 1818년 영국의 데니스 존슨은 자전거의 재질을 목재가 아닌 철강으로 재설계했다. 그리고 1839년에 스코틀랜드인 맥밀란이 자전거에 발걸이와 크랭크 연결봉을 걸어서 탄 사람이 발로 땅을 차지 않아도 라이더가 자체 위에서 균형을 잡고 달릴 수 있는 자전거를 만들었다. 1869년에 한 프랑스인은 체인식 구동 후륜을 발명했다. 이러한 일련의 개선을 통해서 오늘날의 자전거 초기 형태가 완성됐다. 이 역사가 바로 자전거의 고대사이다.

다음은 자전거의 근대사이다. 근대의 중국은 여러 영역에서 서구보다는 낙후했지만 자전거의 활용에 있어서는 뒤떨어지지 않았다. 자전거는 유럽에 자리를 잡은 시기에 중국에도 등장했다. 다만 50여 년간 중국의 일반 백성들과는 큰 연관성이 없었고, 상류 사회의 가장 높은 계층들만이 접할 수 있는 기구였다.

1868년 11월 24일, 〈상하이신보(上海新報)〉는 "상하이에서 몇 대의 자전거를 볼 수 있느냐?", "발로 차기만 하면 바퀴가 날아가는 것처럼 다닐 수 있다.", "길거리의 신기한 광경이 되었다."는 기사들로 자전거를 묘사했다. 그때 상하이에서 자전거를 탈 수 있는 사람은 극소수의 유럽 사람들이었다. 베이징의 첫 번째 자전거는 외국인이 광서 황제(光緖皇帝)에게 바친 예물이었다. 광서 황제는 자전거 타기를 연습할 때 발이 뒷바퀴에 말려들어가 넘어졌다고 한다. 그 이후로 한 번도 자전거를 타지 않아서 그 자전거는 중국 마지막 황제인 부의(溥仪)와 궁녀들의 장난감이 되었다. 부의는 그의 자서전인 〈나의 전반생(我的前半生)〉에서 이렇게 기록했다. "자전거를 편하게 탈 수 있도록 우리 선조들이 수백 년 동안 불편함을 느끼지 않았던 궁궐의 문턱을 없앴다."

대중들이 자전거를 접하기 시작한 시기는 1910년 전후였다. 하지만 그 당시의 자전거는 공공사업인 우체부의 교통기구일 뿐이었다. 1909년에 일부 우체부가 자전거를 탔다. 1911년에 상하이 우체국은 자전거 100대를 구매해서 우체부들의 우편 배송업에 투입했다. 그 이후 톈진, 우한, 난징 등 도시의 일부 우체부들도 자전거를 분배 받았다.

1920~30년대부터 자전거는 대도시에 점차 많아졌지만 여전히 사치품으로 여겨졌다. 한 가정이 보유하기에 자전거는 값비싼 재산이었기 때문에 극소수의 부잣집이나 해외에서 돌아온 사람들만 가질 수 있었다. 일반 노동자들은 그저 부러워할 뿐이었다. 당시 자전거 한 대의 가격은 최소 100위안 이상이었다. 중국 쓰촨의 한 출판사가 1999년에 발행한 〈시민 기억 중의 옛 청두(市民记忆中的老成都)〉란 책에는 "2차 세계대전 이전 청두에서 자전거 한 대의 가격은 150위안이다." 라는 문장이 있다. 과연 그 시대에 100위안은 얼마나 큰돈이었을까? 예를 하나 들어보자. 문학가 루쉰(魯迅)의 일기장에는 1923년 10월 30일에 집을 구매한 기록이 있다. "푸청먼(阜成门)의 싼티오후퉁(三条胡同)에 집을 보러 갔는데 21번의 옛집 6칸을 800위안으로 구입하기로 했다." 이 사합원(四合院)이 바로 현재 베이징에 있는 노신 박물관이다.

박물관은 본채 3개, 남쪽 별채 3개, 그리고 동서 별채 각 한 개와 본채 뒤쪽의 작은 화원으로 구성되었다. 이 집 전체의 가격이 800위안이다. 즉 당시 베이징에서 사합원 한 채를 살 돈으로 자전거 예닐곱 대를 살 수 있었던 것이다. 이 예를 통해 그 시절 자전거가 얼마나 흔치 않았는지 알 수 있다.

그래서 일반 노동자들에게 자전거는 그림의 떡이었다. 당시 상하이의 사례를 다시 들자면 그때 상하이 노동자의 평균 월급은 약 3위안이었다. 1년의 월급을 모아도 30위안을 모으기 힘들었다. 즉 일반 노동자가 먹고 마시지도 않고 3년 동안의 월급을 전부 모아야 자전거 한 대를 살 수 있던 것이다. 이를 통해 자전거와 일반 노동자 사이의 거리감을 느낄 수 있다.

1936년의 상하이에는 12,000대의 자전거가 있었다. 당시 상하이 인구가 약 160만 명이었으니 130명 중에 한 명이 자전거 한 대를 가졌던 셈이다. 그렇게 희귀하다 보니 자전거는 부와 신분을 상징하는 물건이 되어 촬영용 도구로 자주 활용되었다. 심지어 당시 주목 받는 유명한 연예인들도 자전거를 자주 사용했다. 유명 가수 겸 영화배우인 저우쉬안(周璇), 어린이 배우인 천쥐안쥐안(陈娟娟), 〈신청년(新青年)〉으로 명성을 얻은 천윈쓰앙(陈云裳), 영화 〈디오찬(貂蝉)〉으로 이름을 알린 꾸란쥔(顾兰君), 그리고 〈금은세계(金银世界)〉 등 영화로 유명해진 류치융(刘琼) 등 연예인들이 자전거를 타고 외출한 사진이 연예 신문에 실려 화제가 되었다.

자전거는 대도시에서도 희귀했기 때문에 땅이 더 넓은 농촌에서는 자전거를 본 적 없는 사람들도 많았다. 1930년에 베이징에서 일했던 한 가정부는 고향 허베이의 옛 친구들에게 자전거를 이렇게 설명했다. "두 발만 움직이면 바퀴가 자동으로 돌아가고, 마치 그림에서 본 너짜(哪吒)와 같다." 고향의 친구들은 이 이야기를 듣고 눈의 초점을 잃은 채 계속 '아미타불'을 외었다. 당시 대부분의 시골 사람들은 신화 소설인 〈서유기〉를 본 적이 있었고, 이야기 중 너짜타이쯔(哪吒太子)의 이미지가 널리 알려져 있었다. 친구들은 자전거를 탄 사람을 〈서유기〉 속 펑화룬(风火轮)을 탄 너짜로 상상한 것이다.

그리고 자전거는 가치가 매우 높은 재산이기 때문에 전문 관리 물품으로 귀속되기도 했다. 예를 들면 당시의 수도 난징 정부가 〈난징 육상 교통 관리 규칙〉, 〈자전거 임시 벌칙 취소령〉 등 규정을 발포했다.

민국 초기의 자전거. (비주얼 차이나)

민국 시기 베이징 골목에서 치파오(旗袍)를 입고 선 글라스를 끼고, 자전거를 탄 여성 규정에 따르면 자전거 규칙은 다음과 같았다. "모든 자전거는 정부에서 발행한 면허증이 있어야 하고 무면허일 때에는 벌금을 내야 한다. 자가용 자전거는 임대나 영업용으로 활용할 수 없으며 위반할 때에는 벌금을 내야 한다. 중고 자전거 매매는 반드시 정부 공무국(工务局)의 심사와 처리를 통해야 하며 위반자는 벌금을 내야 한다. 자전거 소유자의 변경은 반드시 5일 내에 정부 공무국에 신청을 해야 하고 위반할 경우 벌금을 내야 한다."

옛 중국의 공업은 전반적으로 낙후된 상황이었기 때문에 자전거 전체를 자체적으로 생산할 기술이 없었다. 그래서 주로 조립 방식으로 자전거를 생산했고, 주요 소품은 모두 수입을 통해 들여왔기 때문에 가격이 높을 수밖에 없었다.

중국 자전거 생산은 민국 초기의 칭다오에서 시작되었다. 당시 차오하이취안(曹海泉)이란 자동차 정비사가 칭다오에서 자전거 수리 겸 소품 수입 가게 '둥타이처항(同泰车行)'을 열었다. 차오하이취안은 1933년에 둥타이 공장을 개설하여 자전거의 프레임, 손잡이, 발 받침대 등 자전거 소품을 제조하는 동시에, 해외에서 주요 소품을 수입하는 일을 했다. 그는 자전거 휠을 수입품에만 의존하는 것에서 벗어나고자 1934년에 둥타이 고무공장을 개설하고 '낙타' 브랜드의 자전거 휠을 생산했다. 차오하이취안이 만든 자전거 공장은 이후 중국에서

'다이찐루(大金鹿)' 브랜드의 자전거로 명성을 얻은 칭다오 자전거 공장의 전신이다.

코즈미와사부로우(小島和三郎)는 1936년에 톈진과 선양에서 '창허(昌和)'라는 자전거 공장을 만들고, 4년 후에 상하이에서 동명의 공장을 개설했다. 톈진의 공장은 네다섯 개의 작업장과 백여 개의 낡은 기계로 구성되었다. 200여 명의 노동자들은 이곳에서 자전거 프레임, 앞 포크, 체인 휠 등을 생산하였고, 일부 부품을 일본에서 수입하여 조립하는 방식으로 자전거를 만들었다. 이 공장에서 만든 자전거는 '톄마오(铁锚)'라고 이름 붙여졌다. 중국 항일전쟁이 끝나자 당시의 국민정부는 이 공장을 압수해 '톈진기계장'으로 개명했고, 자전거 제조를 유지했다. 상하이의 '창허' 공장은 국민정부의 소속이 되자 '상하이기계장'으로 이름이 바뀌었고 180여 명의 노동자가 이곳에서 '빤서우(扳手)' 자전거를 해마다 3,600대를 생산했다.

1949년에 상하이는 중국에서 자전거 제조업이 가장 발전한 도시가 되었다. 하지만 당시 상하이 공장에서는 프레임, 손잡이, 안장, 발 받침대, 수레의 바큇살 등 기술이 복잡하지 않은 부품들만 생산할 수 있었고, 나머지 기어와 체인 휠 등 주요 부품은 여전히 해외에서 수입되었다. 민국 정부는 상하이, 톈진과 선양의 일본 기업 및 칭다오의 중국 민영 자전거 공장을 압수하였고, 총 네 개의 공장은 신중국이 세워

졌을 당시 중국 자전거 제조업 전체에 해당했다.

1949년 신중국이 세워진 이후 자전거 제조업은 다른 산업과 마찬가지로 새롭게 발전하기 시작했다. 텐진 창허 자전거 공장은 1950년에 중국산 자전거의 첫걸음을 내딛었다. 새롭게 구성된 텐진 자전거 공장은 1950년 7월에 중국 최초의 자체 설계 및 생산 자전거를 성공적으로 출시했다. 당시 평화에 대한 기대를 표현하기 위해 '페이거(飞鸽)', 즉 날고 있는 비둘기란 이름으로 브랜드를 론칭했다. 그 이후 페이거는 중국 사람들과 몇 세대를 함께했다.

1949년 5월에 새로 성립한 상하이 정부는 '빤서우' 자전거를 생산하는 상하이 기계장의 관리 권한을 접수한 후 짧은 시간 내에 공장의 생산을 회복시켰다. 1953년에 상하이 자전거 공장으로 이름을 바꿨고 제품 브랜드도 '융지우(永久)'로 변경했다. 오늘날 중국 네티즌들의 유행어로 말하자면 두 세대의 중국인이 그때부터 융지우 자전거의 영원한 팬이 되었다.

'융지우' 브랜드가 탄생한 후에 상하이의 267개의 작은 기업들은 1958년에 상하이 자전거 제3공장을 함께 개설했다. 이 공장에서 생산한 자전거에는 '펑황(凤凰)'이라는 아름다운 이름이 붙었다. 견고하고, 가볍고, 아름다운 구조를 가진 펑황 자전거는 출시되자마자 사람들에게 호감을 얻었다. 가게에서 펑황 자전거는 가게에서 항상 가장 앞자리에 전시되었고, 길거리에서 젊은 소녀와 청년들이 '펑황'을 타고 지나가는 모습은 많은 주목을 받았다. 신랑이 결혼을 앞두고 신부에게 예물로 '펑황'을 주면 체면을 세울 수 있을 정도였다.

중국은 이때부터 개인 자전거를 가질 수 있었다. 하지만 자원이 부족한 계획경제시대였기 때문에 자전거의 생산량이 부족했다. 다른 수많은 생활필수품처럼 자전거도 구매표가 있어야 살 수 있었다. 당시는 국민들의 수입이 전체적으로 낮은 상태였다. 명품 자전거 한 대를 구매하는 비용은 오늘날에 일반 가족이 자동차 한 대를 사기 위해서 지출하는 비용과 가족 총 수입에 대비한 비율이 비슷했다. 1960년대에 한 대의 '펑황', '페이거' 혹 '융지우' 자전거의 가격이 600위안이었고, 1970년대에는 150위안에서 200위안 정도로 가격이 떨어졌지만 그래도 비싼 편이었다. 그때 일반 노동자의 한 달 월급은 약 30위안으로, 자전거 한 대를 사려면 최소 6개월 동안 월급을 모두 모아야 했다. 농민들의 수입은 노동자보다 더 낮았다. 개혁개방 이전의 중국 농촌에서 농민들은 노동로 인한 현금 수익을 곧바로 받을 수 없었다. 농촌 집단 경제 조직은 매일 '공펀(公分)'이라는 점수 계산 방식으로 농민의 수입을 기록했는데, 농민의 하루 공펀은 현금으로 계산하면 1위안이 안 되고, 한 달이 모아도 몇 위안 정도밖에 안 되었다. 연말에 받은 식량 등 실물의 소득을 제외한 잉여가 있다면 그제서야 아주 적은 현금을 받는 상황이었다. 이렇게 생산력의 부족하고 국민 소득이 낮았다 보니 개혁개방 이전의 중국 대륙에서는 자전거의 보급률이 매우 낮았다. 1978년까지도 중국에서 평균 백 가족이 보유하는 자전거가 불과 8대도 되지 않았다. 그마저도 도시의 평균 소유량이 약 23.3대로 많은 편이었고, 농촌은 약 4.3대 정도였다.

중국의 일반 가정이 자동차를 쉽게 구입할 수 있기 전까지 자전거가 중국인의 일상생활에서 차지했던 중요성은 오늘날의 사람들이 상상하기 쉽지 않다. 당시에는 자전거 앞쪽에 작은 좌석을 만들어 부모들이 어린 자식들을 앉히고 어린이집에 데려다주는 모습을 길거리에서 흔히 볼 수 있었다. 마치 작은 캥거루처럼 엄마에게서 보호받던 어린이는 소년이 되어, 자전거 뒷자리에 앉고 아버지의 등에 의지해 폭우와 강풍 속에서도 등하교를 했다. 이는 그 시대 사람들이 공유하는 따뜻한 추억이다. 자전거는 사람들의 도시 출퇴근 교통수단이 되었고, 가정에서는 중요한 운송 기구 역할을 했다. 또한 자전거는 부유한 가정의 상징이기도 했다. 자전거, 손목시계와 재봉틀은 당시 중국 가정의 '싼다이지안(三大件)'으로 불렸다. 주중 고급 외교관들도 자전거를 타는 무리의 일원이었다. 고 미국 전 대통령 조지 부시는 1947년부터 1975년까지 주중 미국 연락처 주임을 했을 때 '자신의 눈으로 진실한 중국을 보고 싶다'는 이유로 자전거로 어머니를 모시고 베이징을

1974년, 조지 부시와 부인 바바라가 자전거를 타고 베이징 톈안먼을 지났을 때 찍은 사진. 당시, 조지 부시는 미국 주 중화인민공화국 연락처 주임직을 맡았고 부인과 자주 자전거를 타고 베이징을 구경했다.

구경했다. 그리고 부인 바바라와 자주 같이 자전거를 타고 베이징의 큰 길과 작은 골목길을 다녀서 '자전거를 탄 대사'란 호칭도 얻었다.

1995년 청두 길거리에서 자전거 앞 파이프 위에 앉은 소녀. (비주얼 차이나)

1983년 저지양성 이우(义乌)현에서 자전거 뒤에 어린이를 태우고 두 개의 광주리까지 챙긴 촌민의 모습.
(비주얼 차이나)

농촌에서 농민이 브랜드 자전거 한 대를 가진다는 것은 큰 꿈이었다. 후베이성 샤오간(孝感) 지역의 잉청(应城)현에는 양샤오윈(杨小运)이라는 농민이 있었다. 새로운 농촌 정책 혜택으로 인해 그는 약 1만 6천 제곱미터의 밭을 맡았고 매년 풍작을 맞았다. 당시의 규정에 따르면 양샤오윈은 1981년에 국가에 4,265kg의 식량을 납부해야 했는데 그는 스스로 5,000kg의 식량을 더 납부했다. 현지 정부 지도자는 양샤오윈의 애국심과 열정이 격려 받아야 한다고 생각하여 양샤오윈에게 정부에게 받고 싶은 것이 있냐고 물었다. 양샤오윈의 대답은 "오직 융지우 자전거 한 대일 뿐이다."라고 했다. 현지 신문 〈샤오간바오(孝感报)〉는 1981년 9월 5일에 〈잉청현 농민 양샤오윈이 금년 국가에 10,000kg 식량을 자원으로 제출한 표창으로 융지우 자전거를 요구했다〉는 기사를 발표했다. 그리고 이틀 후 9월 7일에 현지 정부는 〈샤오간보〉에서 공개적으로 "계획보다 많이 생산되어 공헌이 큰 농민 양샤오윈은 융지우 자전거 한 대를 살 수 있다."라는 답변을 올렸다. 이 기사는 화제가 되었고 중국에서 가장 영향력이 있는 〈인민일보〉가 1981년 9월 18일에 〈샤오간보〉에서 발표한 내용과 현지 정부의 답변을 전부 게재했다. 융지우 자전거 공장장은 〈인민일보〉의 기사를 본 후에 공장의 대표팀과 함께 새로 출시한 융지우 자전거를 가지고 상하이에서 잉청현으로 배를 타고 장강을 거슬러 올라갔다. 공장 대표팀은 후베이에 도착하자마자 바로 "영구를 기대하고 영구를 환영하며 상하이 공인의 감정을 흔쾌히 받았다. 오천킬로그램을 팔고 오천킬로그램을 넘고 잉청 농민의 애국심을 키웠다"라는 구호를 보았다. 농민 양샤오윈의 이름 '샤오윈'은 '작은 행운'이라는 뜻이다. 양샤오윈은 40년 전의 기억을 회고하면서 개혁개방정책 덕분에 "작은 행운이 큰 행운을 탔다."라고 말했다. 중국의 모든 농민들이 큰 행운을 탔고, 시대도 큰 행운을 탔다!

중국은 개혁개방정책을 실시한 뒤 경제가 급속히 발전했고, 국민들의 생활 수준도 날로 높아졌다. 이에 따라 자전거도 짧은 시간 내에 수많은 지역에 보급되었다. 베이징을 예로 들자면 1980년대의 경우에 자전거 소유 수량이 매년 50여만 대로 급증했고, 1990년대 중기에는 베이징 시민들의 자전거 소유대수가 831만 대를 넘었다. 당시 베이징시의 상주인구가 1,251만 명이었던 것을 고려하면 출퇴근하는 사람들이 거의 각자 한 대를 가졌다고 볼 수 있다. 즉 전체 시민의 70%가 외출할 때 자전거를 탔다는 것이다. 1978년부터 1984년까지 중국 대

쑤저우 길거리에서 자전거를 타는 시민의 모습. (비주얼 차이나)

1982년 베이징의 자전거들이 점령한 장안다이지에(长安大街)의 모습.
장안다이지에는 베이징시의 주요 도로이고 톈안먼광장 북쪽에 있다. (비주얼 차이나)

륙지역에서 평균 백 가정이 가진 자전거 수가 8대부터 18.8대로 증가했고, 농촌에서 평균 백 가정이 가진 자전거 수가 1986년에 18.4대를 달성했으며, 이는 1978년 대비 328%의 성장률이다.

1990년에는 중국 인구가 11억 4,300만 명이 되어 자전거 총 보유 대수가 5억을 넘었다. 즉 평균 2명의 중국인이 자전거 한 대를 갖고 있었던 것이다. 중국은 명실상부한 자전거의 왕국이 되었다.

자전거의 보급 증가는 생산력의 급증 덕분이다. 1990년대 중엽까지 중국 자체 자전거 연간 생산량은 3,200만 대를 달성했다. '융지우' 자전거 기업을 예로 들자면 80년대부터 90년대 초까지의 연간 생산량은 340만 대를 실현하여 1949년 이전의 연간 생산량의 천 배가량 증가했다. 이 가운데 해마다 150만 대의 자전거가 국제시장으로 수출되었다. 이어서 빠른 속도로 시대가 변화했다.

개혁개방 초기에는 중국인들이 해외로 나갈 수 있는 기회가 별로 없었지만 영상과 이미지 등 방식을 통해서 서양 국가 국민들의 생활 장면을 볼 수 있었다. 서양 국가의 고속도로, 길거리, 집 근처에는 모두 자동차가 있었다. 사람들은 출퇴근할 때, 아이를 학교로 등하교 시키는 길에, 쇼핑하러 다닐 때, 그리고 멀리 여행을 떠날 때 언제나 자동차를 사용했다. 그러나 당시 대부분의 중국인들은 그런 생활이 자신과 매우 먼 미래에 있다고 생각했다.

몇 가지 데이터를 통해 그 먼 미래와의 거리를 알아볼 수 있다. 1985년 중국 도시 인구의 연간 평균 수입은 739위안이었고, 상하이에서 폭스바겐의 가장 보편적인 자동차의 가격은 약 18만 위안이었다. 심지어 일부 지역에서 20만 위안으로 팔기도 했다. 18만 위안은 당시 일반 중국인 노동자가 아무것도 하지 않고 220년 동안 매일 일을 해서 모아야 하는 액수였다!

그러나 1990년대부터 자동차가 점차 중국 도시의 도로에서 많아지기 시작했다. 사람들이 흥미진진하게 페이거, 융지우와 펑황 등 브랜드 자전거들을 논의한 것은 십여 년 전 자전거의 이야기였다. 이제 중국 사람들은 다파, 지에다, 푸캉, 산타나 등 자동차 브랜드에 대해 이야기하기 시작했다. 그들은 얼마 지나지 않아 도요타, 미쓰비시, 폭스바겐, 시보레, 포드, 벤츠 그리고 볼보 등 외국 자동차 브랜드에 주목하기 시작했다. 일반 가정이 자가용 자동차를 갖는 것은 더 이상 꿈이 아닌 현실이었다. 심지어 최근 십여 년 동안 고속도로의 연장과 도로의 확장 속도는 폭발적인 자동차의 증가 속도를 따라가지 못해, 거주단지 주차장의 가격이 같은 면적의 집보다 더 비싼 시대가 도래했다. 예전에는 선진국에서만 존재했던 교통 체증, 환경 오염과 주차난 등 문제에 대한 불만이 중국에서도 점차 나오기 시작한다. 그런데도 자동차 보유수량의 증가 추이는 끝이 보이지 않았다. 급속한 경제 성장을 따라 주민의 소득이 대폭 상승되었다. 이와 동시에 생산력 증가로 인한 생산 원가의 감소가 발생하여 자동차의 가격이 지속적으로 내려가고 있었다. 20년 전에 일반 노동자는 200년 동안 월급을 모아야 자동차 한 대를 살 수 있었지만 이제는 1~2년 동안의 월급만으로 자동차를 살 수 있게 되었다. 하물며 두 번째, 세 번째 자동차를 구입할 계획을 세운 가정도 적지 않았다.

자동차는 매우 먼 미래의 환상에서 금세 어디서나 흔히 보이는 일상 교통수단으로 변했다. 따라서 도시 관리기관은 자동차의 구매 및 사용에 대한 각종 제한 정책을 내세웠다. 많은 도시에서 자동차 구매를 제한하기 위해서 옛 계획경제 시기와 비슷한 방법을 다시 활용했다. 즉 자동차를 사려면 돈만 있어서는 안 되고, 현지 정부에서 받은 배정 허락 증빙이 있어야 한다는 것이다. 그러나 원인이 당시와는 다르다. 계획경제 시기에는 상품이 부족했기 때문에 배정 증빙을 발급했지만, 오늘날에는 상품의 과잉 때문에 구매를 제한한다.

중국에서 최초로 자동차 구매 제한 정책을 실시한 도시는 바로 상하이이다. 상하이 정부는 1994년부터 소형 승용차의 신규 구입 배정에 대해서 경매 제도를 실시했다. 경매자는 배정 증빙을 갖고 차량 관리 부서에 방문해야 새로운 차량의 번호판을 수령받을 수 있다. 상하이 시민들의 자동차 구매 욕구가 과도하게 강하기 때문에 때로는 차량 번호판의 경매 가격이 자동차의 가격보다 더 높다. 2019년 상하이 정부가 경매한 차량 번호는 8,998개였고, 2월 23일 경매 당일에는 163,571명이 참여했는데 당첨률은 5.5%에 불과했다. 당일의 평균 경매가는 약 89,485위안이었다.

상하이에 이어 베이징, 톈진, 항저우, 광저우, 귀양 그리고 선전 등의 도시들이 연이어 자동차 구매 제한 정책을 출시했다. 이 도시의 시민들은 경매 혹 랜덤 선정 방식을 통해서 자동차 번호를 얻을 수 있다. 일부 도시에서는 주민의 자동차 구매 수요와 차량 번호판 배정의 공급 격차가 심하기 때문에 경매 날에 매우 운이 좋아야 새로운 차량 번호판을 받을 수 있다. 2013년 12월, 톈진은 소형 승용차 구매 제한 정책을 발표했는데 새로운 차량은 반드시 랜덤이나 경매를 통해서 번호판을 얻을 수 있다고 했다. 2014년 톈진은 새로 발급한 승용차 번호판은 4,632개였고, 당시의 경매 당첨률은 1.9%밖에 되지 않았다.

미국은 자동차의 보급으로 '차륜 위에 있는 나라'라는 별명을 얻었다. 중국이 개혁개방정책을 실시한 지 30년쯤 지나자 중국의 자동차 판매량은 미국을 초월해 세계 1위에 도달했다. 국민이 소유한 자동차 수량으로 보면 중국은 세계에서 두 번째로 큰 '차륜 위의 나라'가 되었다. 중국이 자전거의 왕국으로부터 자동차 대국으로 변화한 과정은 자전거가 중국에서 보급된 과정보다 더 놀라운 성과를 나타낸다. 이 과정은 중화인국공화국이 세워진 후, 특히 개혁개방 이후부터 중국의 발전을 상징하기도 한다.

신중국이 세워진 직후에 건국 지도자 마오쩌둥(毛澤東)은 당시 중국 공업의 현황에 대해서 이렇게 말한 적이 있다. "지금의 우리는 무엇을 만들 수 있을까? 우리는 책상과 의자를 만들 수 있고, 다기와 그릇을 만들 수 있다. 그리고 식량과 밀가루, 제지 생산도 가능하다. 그러나 자동차 한 대, 비행기 한 대, 탱크 한 대, 심지어 트랙터 한 대도 만들 수 없다." 마오쩌둥의 이 말은 옛 중국의 공업 상황, 특히 자동차 공업의 발전 상태를 묘사한다. 당시 중국에는 자동차 공업의 기초 기설 및 자원이 거의 없어서, 같은 시기 세계 자동차 공업보다 두 세기 가량 뒤처진 상황이었다.

자동차 공업을 먼저 시작한 나라는 프랑스와 영국이다. 1769년 프랑스의 엔지니어 쿠르노는 당시 다양한 공업 영역에서 활용되던 증기 기계기술을 사용해서 세계 최초로 자동차를 만들었다. 이후 2년 동안 개조한 이 자동차의 적재량은 4~5돈, 시속은 9.5km였다. 1803년 프랑스의 엔지니어 트레비코는 증기기계 자동차의 시속을 13km로 제고시켰고, 1827년 영국인 케인이 세계 최초로 증기기계 공공버스를 만들었다. 이 버스는 승객 18명이 탈 수 있었고, 최고 시속 19km까지 달릴 수 있었다.

백 년 간의 자동차 '기원전 시대'를 지나 1886년 독일 특허부에서는 칼 벤츠가 신청한 자동차 제조 특허를 통과시켰다. 이것은 자동차 탄생의 이정표가 되어 오늘날 칼 벤츠가 자동차의 시조로 불리는 계기가 되었다. 그 다음 해 칼 벤츠는 최초의 자동차 제조회사인 '벤츠 자동차 회사'를 설립했다.

미국은 19세기 말과 20세기 초에 유럽의 자동차 제조업을 따라잡기 위해서 본국의 자동차 제조업의 발전을 가속화시켰다. 이 과정에서 두리예이와 헨리 포드의 공이 컸다. 1893년 미국 기업인 두리예이 형제는 내연 자동차를 성공적으로 발명하고 '두리예이' 브랜드를 론칭했다. 같은 해 두리예이 자동차가 미국 자동차 경기에 참가했다. 챔피언은 80.45km의 거리를 9시간 만에 주행했고 평균 시속은 9km에 달했다. 1896년에는 헨리 포드가 2기통 4륜 자동차를 성공적으로 발명하였고, 1903년에 포드 자동차 회사를 설립했다. 또한 1908년 포드가 'T'형 자동차를 출시하여 활용한 자동화 생산라인이 자동차 생산방식에 개혁을 일으켰다. 1924년에 전 세계의 자동차 보유량은 1,434만 7천 대였는데 이 중에서 미국의 자동차 보유량만 1,236만 4천 대였다. 이는 당시 전 세계 자동차 보유량의 80%를 넘는 숫자로, 당시 미국인의 일곱 명 중 한 명이 자동차 한 대를 가진 셈이었다.

미국에서 자동차 사업이 가속화되자 중국도 자동차 수입을 시작했다. 그러나 여전히 제조자가 아닌 승객이었을 뿐이다. 중국 자동차의 시작연도는 1901년이 많이 언급된다. 그러나 세부적인 지역과 발명가에 대해서는 다양한 주장이 있다. 하나는 당시 베이징의 총독이었던 위안스카이(袁世凱)가 청나라의 최고 지배자였던 서태후의 66세 생일을 축하하기 위해서 만 량의 백은으로 미국에서 '두리예이' 한 대를 수입해 예물로 올렸다는 이야기이다. 다른 주장으로는 상하이에서 리은즈(李恩慈)라는 헝가리 사람이 자동차 두 대를 수입한 것으로 자동차가 중국에 처음으로 상륙한 시기를 보여준다.

베이징 설에서 서태후가 받은 자동차는 시속 19km로 달릴 수 있는 열린식 자동차였다. 자동차에 3개의 좌석이 두 줄로 나뉘었다. 앞 줄 좌석은 기사 좌석이고 뒷좌석 2개는 승객 좌석이었다. 중국에 처음으로 도착한 이 자동차는 중국 최초의 튜닝 자동차이기도 하다. 왜냐하면 청나라의 대신들이 보기에 노비 같은 기사가 서태후와 평등하게 앉는 것은 청나라의 체계와 맞지 않으며, 더구나 기사가 앞에 앉는 것은 서태후에 대한 무례이기 때문이었다. 서태후도 이 말이 일리가 있다고 생각하여 기사 좌석을 없앴고, 기사는 무릎을 꿇고 운전할 수밖에 없었다. 기사는 무릎을 꿇은 자세로 운전하다가 사고가 날까 봐 몰래 면서로 오일 파이프를 막아서 자동차가 고장 났다고 거짓말했다. 이 사실을 들킨 기사는 곧바로 다른 곳으로 도망쳤고, 이 자동차는 중

서태후가 생일에 받은 예물 중 하나로, 당시에 흔히 볼 수 없었던 자동차이다. (비주얼 차이나)

국 최초로 폐차 처리되어 지금도 베이징 이화원(頤和園)에서 전시하고 있다.

　상하이의 자동차 수량은 비교적 빠르게 증가했다. 1903년 상하이에는 자동차가 오직 5대 밖에 없었는데 1908년에 119대로 증가했고, 1912년에는 1,400대로 급증했다. 상하이에 여러 나라의 조계(租界)가 있었던 것이 상하이의 자동차 수량이 급증한 이유이다. 조계는 서양 열강들이 불평등한 조약을 통해서 중국에서 만든 '국중지국(国中之国)'

이며, 그때 자동차를 탄 사람도 대부분 외국인이었다.

　중국은 1920년대 말에 처음으로 자동차 제조를 시도했다. 최초로 이 일을 추진한 사람은 세계적으로 유명한 '서안사변(西安事变)'의 주역 인 장쒀량(张学良) 장군이다. 그러나 장쒀량 장군이 중국 자동차 발전 사에서 세운 공은 아는 사람이 별로 없다. 1920년대에 장쒀량은 중국 동북지역의 최고 지도자였고, 그때 중국 러닝 선양에는 박격포 제조 공장이 있었다. 공장장 리이춘(李宜春)은 장쒀량의 동북강무당(东北讲 武堂) 1기 동창이었다. 1928년 리이춘은 장쒀량에게 병사를 노동력으 로 활용하여 민영 자동차를 제조하자고 건의했다. 장쒀량은 이에 대 해 찬성하고 경제적 지원을 해주면서, 미국 국적의 엔지니어와 당시 중국과 외국인 기술자들을 초빙하여 중국의 첫 번째 자동차 제조공 장을 설립했다. 당시 공장의 노동자는 총 200여 명이 있었다. 공장에 는 자동차 제조에 관한 경험이 전무했지만, 2년이 넘도록 노력한 끝 에 외국 자동차를 모방한 중국의 첫 번째 자동차를 생산했다. 1931년 5월 31일, '민썽(民生)'이라는 브랜드의 화물자동차가 등장한 것이다. 이 자동차는 6기통 수랭 내연 엔진 장치를 활용하여 65마력, 최대 적 재량 1.82돈, 최고 시속 40km 등의 성능을 가졌다. 총 666개 부품으 로 구성이 되었는데, 이 중에서 202개 부품은 수입품이고 나머지 464 개는 공장에서 자체적으로 생산한 소품이었다. 중국의 국산 소품이

70%를 차지했다. 이는 당시 가난하고 빈약했던 중국의 큰 성과였다.

첫 번째 자동차의 출시는 큰 화제가 되었지만 출시시기가 좋지는 못했다. 이 자동차는 1931년 7월에 상하이에서 개최한 중화 전국도로 건설협회 건립 10주년의 기념행사에 초대를 받아 참여했다. 9월 12일, 민썽 자동차는 상하이 전시장 한가운데에 배치되었다. 같이 배치된 자동차는 포드, 뷰익, 르노 등 해외에서 유명한 브랜드의 자동차들이었다. 그리고 배치 공간의 배경에는 장쉐량과 리이춘의 초상화가

민국 시기, 상하이 라오청샹(老城厢) 라오시먼(老西门)의 길거리.
넓은 길거리에서 사람들, 인력거와 자동차 그리고 궤도차가 동시에 오가고 있다. (비주얼 차이나)

걸려있었다. 상하이 신문은 행사를 이렇게 보도했다. "화물을 싣고 거친 길에서도 주행 능력이 강하고 평탄한 길에서 달릴 때에는 속도를 더 높일 수 있다." 상하이에 온 시민들은 모두 민썽 자동차를 관람했고, 수많은 민국 정부의 고위 공무원들이 축하하기 위해 현장에 방문했다. 하지만 6일 후에 일본 침략군이 '918'사건을 일으켜 선양이 함락되었고, 자동차 공장도 일본 침략군에게 점령당했다. 그때 제조 과정에 있던 자동차와 50대의 자동차를 만들 수 있는 부품들까지 모두 일본 침략군에게 빼앗겼다. 그래서 민썽 자동차의 등장은 근대 중국산 자동차 산업의 개막이자 폐막이 되었다. 장쒀량 장군이 창립한 중국 자동차 산업의 포부도 전쟁의 불에 파멸되었다.

　중국 자동차의 요람은 만들어지자마자 곧바로 약탈 당했고, 오히려 침략군의 전쟁 조력이 되었다. 1934년 3월, 위만주국의 괴뢰정부는 함락된 공장의 자리에 일본이 투자하는 자동차 공업 주식회사를 만들었다. 이곳은 자동차 공장이 되어 1938년까지 승용차 3,600대, 트럭 480대를 생산했다. 그리고 1940년에 일본은 중국 동북지역에서 자동차 6,800대를 생산했다. 이 자동차들은 비록 중국 지역에서 생산되었지만 중국의 공업 소속이 아니었다. 중국을 침략한 일본 침략군의 산업이자, 침략 전쟁의 조력 역할을 수행했기 때문이다. 1945년 8월, 일본이 굴복한 후 일본 침략군은 동북지역에서 철수하면서 동북지역의 자동차 산업을 모두 망가뜨렸다. 그때 중국의 자동차 산업은 원점으로 되돌아갔다. 신중국이 세워질 때까지 중국의 자동차 공업은 공백 상태였다.

1952년에 중국 중앙정부는 지린(吉林)성 장춘(長春)에 다시 자동차 제조공장을 만들었는데, 이 공장이 바로 지금도 유명한 '장춘 제일자동차 제조공장'이다. 중국에서는 '이치(一汽)'라는 약칭으로 불리고 있다. 1953년에 공장의 초석을 놓았고, 1956년에 공장 준공 및 조업을 개시했다. '지에팡(解放)' 자동차의 생산라인에서 12대의 자동차가 만들어지면서 중국의 자동차 대량 생산이 시작되었다. 이때부터 중국의 자동차 공업이 공식적으로 시작된 것이다.

중국산 트럭이 시장에 투입된 이후부터 중국의 자동차 제조자들은 승용차를 생산하기 시작했다. 당시 막 탄생된 중국의 자동차 제조업은 경험도, 기술도, 시설도 없었다. 부품을 하나하나씩 모두 생산하는 단계부터 시작하는 것은 쉽지 않은 일이었다. 그래서 초기 단계에는 해외 제품을 모방할 수밖에 없었고, 그때 주로 모방한 대상은 소련에서 수입한 승용차였다. 1957년 5월, 장춘이치(長春一汽)는 승용차 생산 연구를 시작했다. 당시 무작정 돌진하는 조급한 사고방식의 영향으로 자동차 샘플 설계 도면을 만드는데 단 4일 밖에 걸리지 않았고, 모든 부품의 생산은 일주일 안에 마무리되었다. 도저히 만들 수 없는 부품은 외국의 부품을 활용했고, 엔진과 기어 박스는 3일 만에 제조되었다. 이로 인해 1958년 5월 5일에 최초의 중국 자체 생산 승용차인 '둥펑(东风)'이 탄생했다. 이 자동차는 중국 승용차 자동차의 막을 열었지만 첫 단추를 잘못 꿰는 바람에 오래가지 못했다. 거친 기술로 조급하게 만들었기 때문에 끊임없이 고장이 발생했던 것이다. 그래서 판매 시작 30일 만에 생산 중단되었다.

　실패는 성공의 어머니라는 말이 있다. 둥펑 승용차의 실패 경험을 바탕으로 이치는 '홍치(红旗)'라는 고급 승용차 생산을 시도했다. 1년 6개월 동안 실험을 여러 번 반복하면서 홍치CA72 모델을 만들었다. 그리고 1959년 9월에 처음으로 승용차 대량 생산 작업을 마무리했다. 1959년 10월 1일에 개최한 중국 건국 10주년 행사에서 주석이 차량을 타고 열병식에 참여해 베이징 톈안먼 광장에 등장했다. 그의 장엄하고 당당하면서도 온화한 외형은 사람들의 시선을 끌었다. 그 뒤로 마오저둥, 류샤오치(刘少奇), 저우은레(周恩来), 덩샤오핑(邓小平) 등 중국의 국가 주요 지도자들이 CA72를 사용했다. 그리고 중국을 방문한 다른 국가의 지도자들도 중국 국빈 전용차인 홍치 승용차를 이용했다. 1960년 홍치CA72 승용차는 독일 라이브치히 국제 박람회, 스위스 제네바 전시회에 전시되었다. 많은 호평을 받은 홍치CA72는 1960년 〈세계 자동차 명감〉에도 수록되었다. 이 승용차는 8년 동안

1956년 7월 14일, 장춘 제일자동차 제조공장의 모든 종업원이 공장 도로의 양쪽에 모여 중국에서 최초로 자체 생산한 '지에팡' 트럭의 출하를 축하하고 있다. (신화사)

총 202대가 생산되어 1966년에 생산이 중지되기 전까지 중국 지도자들의 전용차량과 대외 국무 및 해외 국빈 전용차량으로 활용되었다. 그래서 일반 대중들이 보기는 힘들었다.

홍치CA72는 1965년부터 좌석이 3개인 CA770 모델로 업그레이드되었는데 19년 후 1984년에 생산중지되었다. 생산이 중지된 해에 홍치 자동차는 영광스러운 시간을 가졌다. 1984년 신중국 성립 35주년의 행사에서 등샤오핑이 검은색 홍치 자동차를 타고 베이징 톈안먼 광장에서 중국 육·해·공군을 열병한 것이다.

2019년 9월 25일, 베이징 전시관에서 '위대한 역정, 휘황찬란한 성취 ——— 중화인민공화국성립 70주년 대형 전시회'를 개최했는데 1958년 8월에 생산한 중국의 첫 번째 훙치 고급 승용차가 현장에서 전시되었다. (인민의 시각)

훙치 자동차는 1959년에 공식으로 생산을 시작했고, 두 가지 모델을 25년 동안 연간 60여 대, 총 1,540대를 생산했다. 그러나 훙치 자동차는 사용자가 중국 정부 부부장급 이상의 고위 공무원들로 한정되어, 일반 국민들과는 거리가 매우 멀었다. 1980년대부터 세계 주요 자동차 생산국들은 모두 선진 기술을 사용하기 시작했다. 더 튼튼한 기능성을 갖추고, 에너지를 절감하며, 더욱 편안한 자동차를 출시하기 시작했다. 새로운 자동차들과 비교하면 훙치 자동차는 전 세계 자동차 시장과 거리가 멀었다. 낙후된 기술, 높은 생산 원가 및 낮은 생산 효율 그리고 높은 기름 소모 등의 단점이 노출되기 때문이었다. 특히 안정성 문제에 있어서는 많은 비판을 받았다. 예를 들면, 시동이 걸리지 않거나 브레이크가 작동하지 않는 경우들이 종종 발생했다. 그래서 생산 중지는 예상 밖의 일이 아니었다.

홍치 자동차는 8년의 개선 기간을 가진 뒤 중국 개혁개방의 시기였던 1992년에 재생산하기 시작했다. 1990년대에 이치(一汽)그룹이 미국 포드 회사와 연합하여 대중 시장을 대상으로 '샤오훙치(小红旗)'와 '다이훙치(大红旗)' 등 여러 시리즈를 출시한 것이다. 이 시리즈의 모든 자동차 기술 특허는 중국의 소유였다. 대중시장을 소비자 대상으로 바꾼 것은 이제 홍치 자동차를 일반 국민도 구매할 수 있다는 것을 의미했다. 1993년 3월, 재생산 시작 이후 첫 번째 홍치 자동차가 저지앙성 신창(新昌)의 프린트기를 생산하는 농민 기업가 왕우언쳰(王文千)의 집에 도착했다. 21세기에 들어서며 힘겨운 시기을 겪은 이치(一汽)는 중국의 자동차 선도자 자리를 다시 꿰찼고, 홍치 자동차가 중국 국차(国车)의 이미지를 공고히 했다. 2009년 중국 성립 60주년 기념행사 열병식에서 홍치 자동차는 다시 열병식 국가 주석 전용 차량으로 베이징 톈안먼 광장에 등장했다.

중국 대도시에서 살고 있는 60세 정도의 사람들에게는 '상하이' 자동차에 대한 인상이 더 깊을 것이다. 1958년에 평황 자전거와 같이 탄생된 이 자동차는 예전에는 '평황'이라는 이름을 썼지만 1964년에 상하이로 개명했다. 이 자동차는 33년 동안 총 79,525대가 생산되었고, 1991년 11월 25일에 생산 중지되었다. 상하이 자동차는 개혁개방 이전에 홍치 자동차 외에 중국에서 유일하게 대량 생산이 가능한 자동차였다. 심지어 홍치 자동차보다 총 생산 대수가 더 많고 사용 범위도 더 넓었다. 홍치 자동차는 국가의 지도자, 군대의 고위 장군, 정부의 고위 공무원 그리고 외빈 등에 사용범위가 한정되었지만, 상하이 자동차는 도시급의 공무원 및 국영기업의 지도자까지 사용하였다. 다만 현급 행정구역에서는 보기 힘들었다. 개혁개방 이전 시기에 현급 공무원들은 변두리 지역을 조사하거나 검사하러 다닐 때 대부분 자전거를 타고 이동했기 때문이다.

당시에는 농촌의 주민들은 물론이고 일반 현급 구역에서의 주민들도 자동차를 보기가 매우 힘들었다. 심지어 일부 농민들은 평생 승용차가 어떻게 생긴지도 몰랐다. 이 현상은 이상한 일이 아니었다. 넓은 중국 국토에서 당시 승용차의 보유량은 매우 적었기 때문이다. 대량 생산되는 승용차는 두 가지 브랜드밖에 없었다. 전국에 있는 자동차가 홍치 자동차 1,540대와 상하이 자동차 79,525대를 합쳐 총 81,000여 대 뿐이었다. 물론 그동안 중국의 다른 지역에서도 승용차

1986년, 베이징, 장안거리에서 주행하는 상하이 승용차. (비주얼 차이나)

생산을 시도했다. 예를 들면 베이징에서 생산한 BJ750, 위씽(卫星), 징강산(井冈山), 톈진에서 생산한 허핑(和平), 홍위(红卫), 그리고 충칭에서 생산한 시안진(先进) 등이 있었다. 하지만 이 자동차 브랜드들은 겨우 몇 대 혹은 몇십 대의 승용차 생산을 시도했다가 중지했다. 최대 생산량도 백 대를 넘지 않았다. 그래서 통계에 합산하지 않아도 무관하다. 그리고 개혁개방 이전 30년간 중국이 수입한 7만 3,800대의 자동차와 국산 자동차까지 포함하더라도 전국의 자동차 보유량은 불과 15만 4,800대였다. 이는 오늘날 중국 한 현의 자동차 보유량보다도 적다.

당시 일반 대중들도 승용차를 볼 일이 거의 없었다. 자신의 자동차를 갖는 것은 상상도 못 할 일이었다. 계획경제 시기의 중국에서 승용차 대중 시장이 아예 없었던 것이다. 승용차는 정부의 판단 아래 차량이 필요한 기구에 조달되었다. 개혁개방 이후 1980년대 초기에 상하이 승용차가 공식 판매를 시작했을 때는 승용차 한 대당 2만 5천 위안의 가격이 책정되었다. 이 가격은 일반인에게 어떤 의미일까? 그때 일반 노동자의 평균 연봉은 800위안 미만이었다. 다시 말하자면 일반인이 승용차를 사려면 30년 동안 연봉을 모아야 했다는 것이다. 그 시기에 중국에서 상하이 자동차를 구매한 차주들은 개혁개방정책이 실행된 후 어느 정도 개인 재산을 축적한 민영업체 기업가들이었다.

중국이 개혁개방정책을 실시한 후부터 상하이 승용차는 지금도 많은 사람들에게 익숙한 산타나 승용차와 관련이 있다. 당시 한 광고가 있었다. "산타나 한 대만 있다면 천하 어디든지 가도 무섭지 않다." 1983년, 상하이 자동차 제조공장과 독일 폭스바겐 자동차는 합작을 통해 중국의 첫 번째 중외합작 승용차인 산타나 승용차를 생산했다. 1985년에는 중독 합작의 폭스바겐 자동차 회사가 설립되어 상하이 자동차 공장을 인수했다. 이때부터 상하이 승용차는 역사의 무대에서 내려갔고 1991년에 생산중지되었다. 사람들이 그 자동차들을 '라오상하이(老上海)'로 불렀다.

'라오상하이'란 말이 나온 것은 '신상하이'가 탄생했기 때문이다. 생산중지된 지 18년 만인 2009년에 상하이 국제 자동차 전시회에서 전기 추진력 시스템을 갖춘 상하이 신에너지 자동차가 사람들의 시선을 끌었다. '상하이' 승용차가 강력한 모습으로 다시 돌아온 것이다.

그래서 상하이 승용차를 대체했던 산타나 자동차는 잠시 대중들과 멀어졌지만, 시간이 얼마 지나지 않아 다시 대중들과 가까워졌다. 앞

1986년, 쓰촨 청두 자전거를 탄 사람들이 산타나 승용차 광고판 앞을 지나고 있다. (비주얼 차이나)

서 언급했다시피 1985년에 중국 일반 노동자의 연봉은 800위안 미만이었다. 산타나 한 대의 가격은 약 18만 위안이었고, 일부 지역에서는 20만 위안 이상이었다. 18만 위안은 당시 일반 노동자들이 연봉을 220년 동안 그대로 모아야 하는 가격이었다. 그러나 지금 일반 규격의 산타나 승용차는 5만 위안 정도에 판매되고, 일부 지역에서는 더 싸게 팔리고 있다. 즉 일반인도 월급을 일 년 조금 넘게 모으면 산타나 승용차를 살 수 있게 된 것이다. 이렇게 40년 동안 커다란 변화가 일어나면서, 중국인에게는 새로운 세상이 펼쳐졌다.

이 커다란 변화를 다른 시각에서 살펴보면 중국의 개혁개방정책 실시 40년을 알아볼 수 있다. '개혁개방'은 '개혁'과 '개방' 두 단어로 구성된다. '개혁'은 중국 국내 중심으로 실시한 정책과 경제 체제의 개혁을 말한다. '개방'은 중국의 대외 정책을 의미하며, 중국이 전 세계를 향해 중국의 시장과 다른 영역을 오픈하고 교류하겠다는 자세를 보여준다.

먼저 개혁에 대해 더 살펴보자면, 계획경제 시기에 승용차는 대중이 소비시장이 아니었다. 승용차 사용자는 정부의 기관, 국영기업 그리고 사업단위에 제한되었기 때문이다. 일반 소비자들은 승용차를 살 돈도 없었지만, 가령 재력이 되더라도 체제와 정책의 제한 때문에 구매할 수 있는 경로가 없었다. 그러나 사회주의 시장경제체계를 목표로 두고 개혁 정책을 펼치자 승용차가 대중 시장에 들어갈 수 있는 통로가 생겼다. 국가 경제관리의 주요 부서인 국가계획 위원회는 1994년에 『자동차 공업 산업정책(汽车工业产业政策)』을 제정하고 발표했다. 이 정책의 규정을 살펴보면 다음과 같다. "자동차의 생산량은 일반 가정도 살 수 있도록 만족을 충족시켜야 한다. 정부는 개인이 자동차를 구입하는 것을 격려한다. 개인이 정당한 방법을 통해서 구입한 자동차를 사용하는 것에 있어서 현지 정부와 기구는 행정과 경제적 수단을 통해 관여하면 안 된다."

그러나 정부의 정책만으로는 변화를 일으킬 수가 없다. 법률과 법규의 개혁도 있어야 한다. 중국 최고 입법기구 전국인민대표대회는 2001년 3월에 개최한 회의에서 『국민경제와 사회 발전의 열 번째 오년 계획 강요(关于国民经济和社会发展第十个五年计划纲要)』를 통과시켰다. 이번 『강요』에서 공식적으로 "자동차가 일반 가정에 들어가야 한다"라는 내용을 추진했다. 승용차가 일반 국민들에게 다가온 것은 정책의 허락부터 법규의 개혁까지의 과정을 거친 덕분이었다.

이번엔 개방에 대해 살펴보자. 1980년대부터 중국의 자동차 공업은 합자와 합작의 시대를 맞이했다. 폭스바겐, 아우디, 마쯔다, 토요타, 혼다, ROEWE, 닛산, 기아, 푸조, 시트로엥, 포드, 스즈키, 볼보, 벤츠, 미쓰비시, 현대, 제너럴모터스, 뷰익, 쉐보레, 캐딜락, 크라이슬러, 이베코 등 다양한 브랜드들이 등장했다. 합작 자동차 브랜드가 워낙 많았기 때문에 만약 중국의 자동차 산업 전문가들에게 합작 자동차 브랜드 개수를 물어본다면 바로 정답을 말하지 못할 것이다.

중외 자동차 기업의 합자와 합작은 중국 자동차 브랜드의 발전을 추진했다. 또한 중국 자동차 기업이 해외로 진출하는 추진력이 되었다. 2010년 8월, 저지앙 지리그룹 유한공사는 18억 달러로 미국 포드 자동차 볼보 회사를 완전히 인수했다. 이 사례는 중국 자동차 기업이 글로벌 그룹을 탄생시킨 첫 번째 시도이다. 2018년 2월, 지리그룹은 90억 달러로 독일 다임러 AG의 9.69% 지분을 인수하였고, 다임러 AG의 최대 주주가 되었다. 2014년 창청 자동차는 러시아 스투어트주에 공장을 설립해 기초 공사를 시작했고, 2019년 6월에 공식적으로 생산라인을 첫 가동했다. 이 공장은 중국에서 최초로 해외에 진출한 자체 자동차 제조 공장이고, 출시 첫 모델인 HAVAL F7은 러시아에서 판매되었다.

개혁개방정책의 출시는 놀라운 성과를 만들었다. 새로운 정책이 실시된 것은 1978년이다. 그때 중국 자동차의 생산량은 전 세계 생산량의 0.5%밖에 되지 않았고, 개인이 자동차를 보유하는 경우는 거의 없었다. 그러나 30년이 지난 2009년에는 중국 자동차의 생산량과 판매량은 1,379만 1천 대와 1,364만 4,800대에 달했고, 자동차 판매량

중국에서 자체 생산되는 자동차 브랜드 지리(吉利)의 생산라인. (비주얼 차이나)

원양 자동차 화물선 회사가 이롄윈강(连云港) 강둥팡(港东方) 부두 68번 버드에서
영국으로 수출하는 자동차를 싣는 모습. (비주얼 차이나)

이 처음으로 미국을 초월하여 세계 1위를 차지했다. 그 이후로도 10년 동안 중국 자동차 생산과 판매량은 계속 세계 1위를 유지했다. 이 과정에서 2017년의 판매량은 2,888만 대였는데 2018년의 판매량은 2,808만 1천대로 조금 줄었지만 그래도 전 세계 자동차 판매 총 대수 9,500만 대의 30%를 차지했다. 2018년 말에는 중국 승용차 보유량은 2억 100만 대가 되어 처음으로 2억 대를 넘었다.

이 중에서 개인 소유 차량이 1억 8,900만 대로, 5년 연속으로 해마다 평균 1,952만 대가 증가했다.

2018년에는 중국 자동차 판매 총량이 감소했다. 하지만 신재생에너지 자동차의 판매량은 계속 증가했다. 2018년 신재생에너지 자동차의 판매량은 125만 6천 대이고, 총 보유 대수가 261대(단위 표기 오류?)이었으며 2017년보다 107만 대가 증가했다. 최근 5년 동안의 통계를 보면 중국의 자동차 보유 수량은 약 12배의 성장을 보였고, 연평균 50만 대가 증가했다. 이것은 중국 자동차산업이 기술과 산업의 발전를 직면하고 있다는 것을 보여준다. 신재생에너지 외에도 중국 자동차공업은 클라우드 컴퓨팅, 빅데이터, 사물 기반 인터넷, 인공지능 등 하이테크 기술을 활용해 세계 각국과의 경쟁에서 앞서고 있다.

경제의 고속 발전으로 인해 중국은 이미 샤오강(小康) 사회에 도달했다. 샤오강 사회에 도달했다는 상징 중 하나가 바로 승용차이다. 즉 자전거 시대에서 승용차 시대로 발전했다는 것이다. 그러나 교통기구의 발전이 자전거가 완전히 박물관의 전시품이 된다는 말은 아니다. 21세기에 들어서면서 자전거는 용적 교통기구이자, 운동, 오락 및 여가생활을 즐길 수 있는 기구로 새로운 포지션을 잡았다. 이 뒤에는 환경보호, 건강과 웰빙, 패션 등의 새로운 이념들을 담고 있다. 특히 2016년부터는 인터넷 공유경제의 빠른 발전으로 중국에서 공유 자전거 열풍이 불기 시작했다. 공유 자전거 열풍은 사람들이 단거리를 이동할 때에 자동차를 몰지 않고, 장거리 이동에서는 자동차를 주차장에 편하게 주차한 뒤 마지막 1km는 자전거로 이동하는 방식을 유행시켰다. 자전거는 자동차의 등장에도 살아남았다. 그뿐만 아니라 오히려 가늘고 길게 살아남을 생존방식을 찾아냈다. 새로운 환경에 적응하기 위해 자전거는 전통식 자전거, 도시용 간편 자전거, 산악 자전거, 경기용 자전거, 어린이 자전거, 전기 자전거, 내연 조력 자전거, 특종 자전거 등 200여 개의 다양한 품목으로 확장했다. 자전거가 20세기 초에 사치품으로 중국에 등장했을 때에는 일반인이 멀리서

2016년 12월 11일, 시민이 선전시 공원에서 공유 자전거를 즐기고 있다. (비주얼 차이나)

만 볼 수 있고 가질 수 없는 귀한 물품이었다. 극소수의 상류사회 사람들에게 자전거 타기는 도로 상황이 매우 열악해 짜증을 유발했다. 예를 들어 민국 초기의 장사(长沙) 도시 내의 도로가 좁고 평탄하지 않았다. 자전거를 탄 사람은 넘어지거나 지나간 사람과 부딪히는 일이 자주 발생했다. 그래서 현지 정부가 도로에서 자전거를 타는 것을 금지하기도 했다. 또 쑤저우(苏州)의 예를 들자면 현지 토착 귀족들이 '도시에서 자전거를 타는 사람들이 많은데 도로가 좁아서 주의하지 않으면 바로 다치게 된다'는 이유로 자전거 금지령을 신청한 적도 있었다.

자동차는 중국에서 등장한 초기에 대도시 몇 군데에만 있었고, 다른 더 넓은 중국 지역에서는 보이지도 않을 정도로 희귀했다. 자동차는 대도시라도 석판과 마사토로 만든 도로에서만 달렸기 때문에 운전하는 부자들에게도 편안한 경험이 아니었다. 대도시를 떠나면 난징, 상하이와 항저우 같은 경제적 조건이 비교적 좋은 지역의 도로도 주로 흙, 모래와 자갈로 구성이 되어 있었고, 오늘날과 같은 평탄한 길이 없었기 때문이다.

20세기 이후 중국 사람들은 반세기의 노력을 통해 민족의 독립을 맞이하고 신중국이 성립되었다. 그리도 또 50년의 시간 동안 중국 국민들은 강성한 사회와 국민들이 오붓한 생활을 지낼 수 있는 나라를 만들었다. 더 나아가 중국의 현대화 여정을 추진했다. 중국은 두 발로 다녀야 하는 국가에서 '자전거 위에 있는 나라'를 지나 '자동차 바퀴 위의 국가'로 성장했다. 이 과정은 또한 중화민족이 100여 년 동안 분투한 또 다른 증거이기도 하다. 지금의 중국은 '자전거의 왕국'과 '자동차의 왕국' 두 가지의 왕관을 쓰고 있다. 자전거든 자동차든 모두 전 세계에서 가장 좋은 도로 위를 달리고 있다. 우리는 중국이 더욱 빛나는 미래를 향해 달려갈 수 있다고 믿는다.

시안(西安) 길가에 단정하게 배열된 공유 자전거.
(인민의 시각)

제3장

중국의 철도 이야기

중국을 알면 세계가 보인다

사회문화

우리 함께 상상을 한번 해보자. 당신은 지금 중국 가장 북쪽의 헤이룽장(黑龙江) 성에 있다. 치치하얼(齐齐哈尔)에서 고속열차를 타고 남쪽의 광저우(广州)까지 가면 총 3,741km의 여정을 12시간에 마칠 수 있다. 시속 300km의 빠른 속도로 이동하는 12시간 동안 겹겹으로 줄지은 산봉, 넓은 초원, 끝을 보이지 않은 평원, 굽이친 강물, 그리고 번화한 도시와 조용한 향촌을 지나간다. 출발 지역은 큰 눈이 내린 겨울이었어도 목적지는 꽃들이 피운 봄 같은 지역일 수 있다. 그리고 중국의 동쪽에서 서쪽까지의 여행도 즐길 수 있다. 베이징부터 신장(新疆) 우루무치(乌鲁木齐)까지의 약 3,400여 킬로미터의 여정은 16시간 정도가 필요하다. 열차가 베이징에서 출발하면 중국 북쪽에서 흔히 보이는 경치 외에도 웅장한 고원지대와 황량한 사막 구역, 우뚝하게 솟은 설산과 만리장성 그리고 다양한 민족의 풍속들을 느낄 수 있다. 속도와 함께 아름다움을 즐기는 것이 바로 중국 고속 열차의 매력이다. 사람들이 지금의 고속 열차를 중국의 명함이라고 하는 것은 과언이 아니다. 날아가는 것처럼 질주하는 고속 열차는 중국 탑승객들에게 자부심을 부여한다. 이러한 감정은 중국의 철도 역사와 변천 과정에 대해서 이해할 때 확실히 느낄 수 있다.

중국의 고속 열차는 중국 철도 시스템 구축 과정의 새로운 시대를 연 이정표이다. 중국 철도의 발전 역사는 중국의 다른 영역과 마찬가

안휘 쑤안청, 산 속과 꽃의 바다에서 달리는
"푸씽하오"열차 (비주얼 차이나)

베이징에서 꽃바다를 관통하는 고속열차의 모습.지원두산(军都山) 관거우(关沟) 구역은 이 철도노선에서 가장 험준하면서 아름다운 구간이다. (비주얼 차이나)

지로, 낙후한 상태에서 발전을 향한 자세에서 비롯되었다. 치욕스럽고 고생스러운 출발부터 자부와 강성함까지 발전해 온 드라마와 같다.

세계 최초의 철도는 제1차 산업혁명을 일찍 마친 영국에서 탄생했다. 1825년 9월 27일, 영국 엔지니어 조지 스티븐이 설계한 증기기관차가 24km의 시속으로 스톡턴에서 린턴까지 운행되며 열차 시대의 막을 열었다. 1830년에는 미국, 1832년에는 프랑스, 그리고 1835년에는 독일에서 각각 자국의 첫 번째 철도를 개통했다.

우한 고속 열차팀이 출발 준비를 하는 모습. (무인기 촬영, 인민의 시각)

1840년의 아편전쟁에서 서양 열강이 중국의 폐쇄한 관문을 강제로 연 후, 서양에서 등장한 선진 기술들이 중국에 유입되기 시작했다. 그러나 당시 깐깐한 청 정부는 서양에서 유입된 새로운 사물에 대한 배척과 거부감이 컸다. 1863년에 상하이에서의 27개의 양행(洋行)이 214만 량의 백은을 모아 청 정부에 120km의 철도를 구축하자는 청구서를 보낸 적이 있다. 하지만 청 정부는 서양인들이 철도를 만들면서 다른 일을 도모할까 봐 단칼에 거절했다.

　　2년 후 1865년에 영국 기업인 듀란드는 베이징에서 만 량의 백은으로 현지 정부를 매수했다. 그는 베이징 쑤안우먼(宣武门) 밖의 성호 옆에서 500m의 실험용 철도를 만들기로 했다. 철도가 준공되자 그는 영국에서 작은 증기기관차를 수입해서 시뮬레이션을 해보았다. 세 칸으로 구성된 이 열차는 중국 철도 시대의 서막을 열었다. 청나라 말기 유명한 입헌파 인사였던 리위어뤼(李岳瑞)는 량치차오(梁启超)가 편집장을 맡은 〈궈펑바오(国风报)〉에서 〈춘빙쓰예청(春冰室野乘)〉이라는 기사를 연재했다. 기사에서 그는 이 철도에 대해 이렇게 기록했다. "동치 4년 7월에 영국인 듀란드가 1km도 안 된 짧은 철도 하나를 수도 융딩먼(永定门) 밖에서 만들었다. 그 위에서 작은 기차가 날아가는 듯이 달렸다. 수도의 사람들은 그동안 한 번도 본 적이 없는 사물이어서 기차를 요물이라고 생각했고 전국에서 난리가 났다. 육군 아문(衙

1881년, 탕쉬(唐胥) 철도에서 중국인이 만든 최초의 증기기관차 '중국로켓'호를 사용하는 모습. (비주얼 차이나)

門)의 명령을 따라 이 짧은 철도가 없어지자 모든 비난이 끝났다." 그
러나 리위어뤼의 글에는 청 정부가 먼저 듀란드에게서 이 철도의 소
유권을 구입한 후 철거령을 내렸다는 내용이 빠졌다.

　그리고 더욱 황당한 일이 상하이에서 발생했다. 1866년, 당시의 영
국 공사는 청 정부에게 상하이 조계와 우쑹거우(吳淞口) 사이에 철도
를 건설하자고 요청했다. 청 정부가 이 요청을 거절하자, 서양 상인

들은 땅을 먼저 구입한 후에 실제 용도를 숨기고 빠른 시간 내에 철도를 만들자는 방법을 생각해냈다. 1872년 미국 상인들은 '우숭도로공사(吳淞道路公司)'를 설립해서 '일반 도로'를 건설하겠다는 핑계로 토지를 구입했다. 사실을 몰랐던 상하이 정부는 이 신청을 허락하였고, 미국 상인들은 이 회사를 통해서 상하이부터 우숭거우까지의 길이가 약 14.88km, 폭이 13.7m의 땅을 샀다. 1874년 이 회사가 영국 상인들에게 팔린 후 영국 상인들은 '우숭(吳淞)철로공사'를 만들어서 철도의 건설 및 운영 업무를 추진했다. 철도의 기초공사는 1874년 12월부터 시작되어 약 1년 뒤, 1876년 1월부터 철도 레일을 배열했고, 약 3주 후에는 준공된 일부 철도 위에서 시운전을 했다. 그러나 이때 상하이 정부에 철도공사가 발각되는 바람에 공사가 중단되었다. 1876년 2월 22일부터 1876년 12월까지 약 10개월 동안 청나라 정부의 총리아문(总理衙门), 북양대신(北洋大臣), 양강총독(两江总督), 그리고 상해정부(上海道台) 및 각 계급의 정부는 철도 공사를 중단해야 한다는 령에 대해 여러 차례 면담을 했다. 그런데 서양 상인들은 청 정부와 협상을 진행하면서 뒤에서는 몰래 철도 공사를 계속 진행했다. 1876년 6월 30일에 상하이부터 시작해 지앙완(江湾)까지의 구간이 준공되었고, 1876년 12월 1일에는 상하이부터 우숭거우까지의 전 철도 구간이 준공되었다. 청 정부는 여러 차례의 면담을 통해서 1877년 10월에

28만 5천 량의 백은으로 전 구간 철도를 입수한 후, 1877년 12월 28일부터 철도를 철거했는데 기차역과 철도 레일 기초공사까지 빠짐없이 모두 철거했다. 철거된 레일의 일부는 바다에 버려졌고, 일부는 푸지안(福建) 행정 장관 겸 타이완(台湾) 학정인 딩르창(丁日昌)이 구입해서 타이완의 철도 공사에 투입했다. 그러나 레일이 까오시옹(高雄) 항구에서 오랫동안 방치되어 녹슨 바람에 폐물로 처리되었다. 이것은 청 정부가 서양 상인이 만든 철도를 구입한 후에 철거한 두 번째 황당한 사례이다.

계속해서 쓸데없는 일들이 발생하자, 당시 량지앙(兩江) 총독 겸 남양통상 대신 장즈둥(張之洞)의 호소 하에, 1897년 청 정부는 철거한 철도의 원래 노선에서 숭후(淞沪)철도를 다시 건설하겠다고 발표했다.

1897년 1월에 조정 대신 썽쑤안후에이(盛宣懷)는 감독 위임을 받아 철도회사를 설립하고, 2월 27일부터 숭후철도 공사를 실시했다. 그리고 1898년 8월 5일에 전 구간을 준공하여 9월 1일에 공식적으로 개통했다.

숭후철도가 철거되었다가 재건되기까지의 20년 사이에 중국에서는 다른 9.7km의 철도를 만든 적이 있었다. 이 철도는 중국에서 자체적으로 만든 첫 번째 철도였다. 바로 허베이 탕산(唐山)지역의 탕쉬철도이다. 탕쉬철도의 건설은 주로 탕산의 광산에서 쒸거쭈앙(胥各庄)부두까지의 매탄 운송 문제를 해결하기 위한 방안이었다.

1876년 6월 상하이, 우숭철도 개통일의 '시안다오(先導)'호 기차와 열차. (비주얼 차이나)

1881년 6월, 리훙장(李鴻章)이 탕산에서 쉬거쭈앙까지의 철도를 시찰하는 모습.
앞줄의 왼쪽에서 네 번째가 리훙장이고, 왼쪽부터 두 번째는 탕안쑤이다. (비주얼 차이나)

　　탕쒸철도 공사 때문에 당시의 양무파 장관 리훙장은 보수파와 10여
년간 치열한 논쟁을 벌였다. 청 정부는 서양 열국이 철도를 통해서 병
사를 운송하는 것을 두려워했고, 당시 고위 관료들과 세력자들은 기
차의 소음과 검은 연기를 싫어했으며, 일반인들은 철도의 건설이 풍
수를 파괴해서 반대했다. 리훙장은 홀로 정부와 민간의 반대를 대응
하기 벅찬 나머지, 광무국의 실업가였던 탕안쑤에게 영국 양행이 상
하이에서 한 행위를 따라 하라고 몰래 지시했다. 즉 도로 건설을 핑계

로 철도 공사를 진행하려는 것이었다. 공사는 1881년 5월에 시작하여 11월에 준공했다. 그런데 기차 노선이 쯔운화(遵化)현의 황실 묘지를 지나가는 것이 용맥(龙脉)에 좋지 않은 영향을 준다는 판단에 당시 정부는 말과 당나귀가 기관차를 끌고 가는 것만을 허락했다.

사실 철도는 청나라 황릉까지의 직선거리가 50km를 넘어서 영향을 줄 우려가 전혀 없었다. 19세기 철도에서 말이 기관차를 끌고 간다는 것은 고대인이 근대의 무대에서 웃음거리가 되는 연출과 다름없었다. 당시의 서양 국가들은 이미 발달한 철도 시스템을 구축했다. 독일에서는 1860년에 이미 11,633km의 철도 노선을 만들었고, 1870년에는 19,575km에 달했다. 독일은 각 대도시들을 밀집한 철도망으로 연결시켰다. 프랑스는 1840년 말에 3,000km의 철도 노선을 만들었고, 1870년까지 17,924km로 확장하여 주요 철도 노선을 구축했다. 미국은 1859년부터 1910년까지 철도 노선을 37만 km가 넘도록 구축했고, 영국은 1890년에 3만 2,000km의 철도를 만들었다. 그러나 중국은 1894년에 만든 철도 노선의 총 길이가 고작 약 483km였다. 당시의 영국과 비교해보면 중국 철도 노선은 영국 철도 노선의 1/60에 불과했다. 밀집도로 계산을 해보면 당시 영국의 면적은 약 24만 ㎢이고 중국의 면적은 약 1,270만 ㎢의 차이가 있었음에도 불구하고 말이다. 당시 중국의 토지 면적은 영국의 50여 배였지만, 중국 철도 노선의 건설은 서양 국가와 상상할 수 없는 커다란 격차가 있었던 것이다.

근대 중국 역사에서 철도의 건설공정은 민족의 감정 그리고 국가의 명운과 밀접한 연관성을 가지고 있다. 그래서 중국의 철도 엔지니어 쯔안톈유(詹天佑)는 중국 중화민국의 아버지로 불리는 쑨중산(孙中山)과 함께 중국 근대 역사의 현인(贤人)으로 선정되었다.

쯔안톈유는 1861년 4월에 중국 광동(广东)성 난하이(南海)현에서 태어났다. 1872년에 11살의 쯔안톈유는 중국 근대 개혁가인 룽홍(容闳)이 제안한 중국의 첫 미국 유학 아동 30명 중에 한 명으로 선정되었다. 9년이 지난 1881년, 20살의 쯔안톈유는 훌륭한 성적으로 예일대학 토목 공정학 학사 학위를 받고 귀국했다. '중국 철도의 아버지', '중국 근대 엔지니어링의 아버지'로 불리는 쯔안톈유는 중국 근대사 중의 가장 위대한 엔지니어이다. 1888년부터 1919년까지 그는 상하이에서 지아딩(嘉定)까지, 탕구(塘沽)에서 톈진(天津)까지, 탕산(唐山)에서 구예(古冶)까지, 구예(古冶)에서 산하이관(山海关)까지, 그리고 톈진에서 루거우치오(卢沟桥)까지의 구간 철도를 만드는 공사에 참여했다. 그리고 진저우(锦州)철도와 영거우(营口)철도 뿐만 아니라 지앙시 핑시앙(萍乡)에서 후난 리링(醴陵)까지, 우한부터 장사까지, 허베이 신청(新城)현에서 이(易)현까지, 광동 차오저우(潮州)부터 쓰안터우(汕头)까지,

광저우에서 사오관(韶关)까지, 베이징부터 장지아거우(张家口)까지, 장지아거우에서 쒀위안(绥远)까지, 허난 뤄양(洛阳)부터 산시(陕西) 통관(潼关)까지, 후베이 이창(宜昌)에서 쓰촨 만(万)현까지, 장사부터 주저우(株洲)까지의 다양한 철도공사들을 주도하고 참여했다. 청의 마지막 10년과 민국 초기의 20년 사이에 진행된 중국 대다수의 철도 공사에는 그의 지혜와 땀의 흔적이 남았다. 쯔안톈유는 1905년에 청나라 정부에 전국 철도에 1.435m의 표준 궤간을 사용해야 한다고 주장했고, 오늘의 중국 철도 공사 기준도 여전히 이 기준을 사용하고 있다. 쯔안톈유가 제안한 기준은 중국 철도사업의 초석이라도 해도 과언이 아니다. 학술의 발전을 통해 국가를 발전시키기 위해서 쯔안톈유는 광둥 중화 엔지니어협회, 중화 엔지니어 학회 등 학술단체를 만들고 여러 차례 회장직을 맡았다. 그의 〈신편화영공학사전新编华英工学字汇〉, 〈징장철도공사기록京张铁路工程纪略〉, 〈철도명사표铁路名词表〉 등 저술은 중국 철도 엔지니어 학술의 기초 학문 저서이다. 쯔안톈유는 또한 영국 콘크리트 학회 회원, 영국 황실 공상 기예 학회 회원, 영국 북방 과학과 문예학회 회원, 영국 철도 궤도 학회 회원, 미국 토목 엔지니어링학회 회원 등 여러 나라의 학술 단체 일원으로서 학술적으로도 크게 공헌하였다. 쯔안톈유는 미국인 제니가 1868년에 발명한 기차 칸 자동 연결기 '쯔안쓰(詹氏) 커플러'를 중국에 널리 보급했다.

1909년, 징장철도 개통이후, 칭룽챠오(青龙桥)역에서 "之"자로 두 열의
열차가 동시에 주행하는 장면. (비주얼 차이나)

사람들이 '쯔안'이라는 발음 때문에 쯔안톈유가 연결기를 발명했다고 착각하는 바람에 그는 동료에게 이 일을 해명해달라고 부탁했다. 나아가 잘못된 소문을 막기 위해서 그가 편저한 〈신편화영공학사전〉은 '쯔안'의 발음을 피하여 'Janney Coupler'를 '정쓰 커플러'로 기술하였다.

쯔안톈유는 놀라운 기술력과 전문가 정신으로 중국뿐만 아니라 세계에서도 존중 받는 중국인 중 한 명이 되었다. 당시 가난하고 모욕받던 중국의 시대적 상황에서 그는 애국자로 역사에 깊은 흔적을 남겼다. 쯔안톈유는 평생 동안 '각자 배운 것을 사용하고, 각자의 일을 활용해서 모국을 더욱 강한 국가로 만들고, 모국이 모욕받지 않고, 지구에서 손꼽히도록 해야 한다'는 말을 잊지 않았다. 1905년부터 1909년까지, 쯔안톈유는 베이징부터 장지아거우까지의 징장철도 공사를 주도하고 감독했다. 그 이전의 중국 철도는 거의 서양 열국이 투자하고 소유권을 가지며 관리까지 맡았지만 징장철도는 중국 최초로 투자, 설계, 시공 및 관리를 모두 자체적으로 진행했다. 징장철도는 쥔두(軍都)산 산맥을 지나가는데, 열차가 산의 험한 고개를 넘을 수 있도록 쯔안톈유가 설계한 '인(人)'자 모양의 철도는 세계에서도 주목을 받았다. 쯔안톈유에게 징장철도는 하나의 철도건설공사라는 의미를 넘어 민족의 자존심을 담은 공사였다고 한다.

2018년 3월 31일, 베이징에서 칭룽치아오역을 지나가는 일반 열차. (비주얼 차이나)

철도 계획 초기에 영국과 러시아 양국은 철도의 건설권을 쟁탈하며 청나라 정부를 협박했다. 양국은 청 정부에 외국인을 고용하지 않고 중국인이 철도를 직접 모두 건설해야 하며, 그들은 다시는 개입하지 않겠다고 협박했다. 쯔안텐유는 이 말을 듣고 화가 나 "중국은 땅이 넓고 자원이 풍부하니, 철도 하나를 건설하는 데에 꼭 외국인의 도움을 필요로 한다는 말은 중국인의 치욕이다."라고 말했다. 그리고 그는 미국인 친구에게 보낸 편지에서 "이 철도는 중국 엔지니어가 설계하고 건설한 첫 번째 중국 철도이다. 이 철도는 중국인에게 하나의 시련이었다. 왜냐하면 중국인은 항상 조계의 외국인에게서 무시를 당하기 때문이다."라고 말했다.

징장철도의 노선은 산맥이 험난해 수많은 터널 공사가 필요했다. 기계와 설비가 부족하여 철도 공사를 하는 공인들은 초라한 수공 도구들로 공사를 할 수밖에 없었다. 어려운 공사, 긴박한 시간, 언론의 압력과 유한한 자금 등은 공사 추진의 걸림돌이었다. 그러나 쯔안톈유와 그의 추종자들은 201.2km의 철도 공사 기간을 4년 만에 마무리했다. 원래 계획보다 2년 일찍 공사가 끝난 것이다. 게다가 공사 비용을 29만 량의 백은을 더 줄였음에도 가장 뛰어난 품질로 공사를 끝냈다. 1909년 10월 2일 개통식에서 쯔안톈유의 고향 친구이자 문화계 명인이었던 주치(朱淇)는 축사에서 이렇게 말했다. "징장철도 공사의 성공은 중국에는 철도 엔지니어가 없다는 외신의 보도를 전 세계의 웃음거리로 만들었다. 오늘 쯔안톈유는 독창적인 방법으로 이 철도를 만들었다. 공사는 외국인의 도움이 전혀 없이 모두 중국인이 해낸 것이다. 쯔안군은 중국인의 기상을 드높였다. 중국인이 철도 공사의 전체 과정을 자체적으로 할 수 있다는 것은 앞으로 모두 광업, 사무, 기계 제조도 중국인이 전부 자체적으로 할 수 있는 증거이다. 중국의 광업, 산림, 기계 공장의 경사가 되기도 한다. 징장철도는 이제 이 회사들의 선도자로 불리게 될 것이다."

쯔안톈유가 주도해서 만든 징장철도는 개통 당일부터 2014년 7월에 장(张)시 북역이 운영을 중지할 때까지 105년 동안 사고 없이 안전하게 운행되었다.

1900년 〈신축조약〉을 체결한 날부터 8국 연합군은 베이징에서 철수했지만 당시의 제정 러시아는 중국 동북지역에 머물렀다. 1902년 4월, 국제 여론의 압력으로 제정 러시아와 청 정부는 〈동북삼성 인수조약(交收東三省條約)〉을 체결했다. 조약은 '제정 러시아가 산하이관(山海关), 잉거우(营口)와 신민팅(新民厅) 연선의 철도를 반환한다'는 내용을 기록하였다. 쯔안톈유는 신속히 철도를 회수하고 복원 사업을 주도하는 역할을 위임받았다. 1차 세계대전이 끝난 후 승전국들은 같은 승전국인 중국의 권익을 무시하고, 협약국 '원동(远东) 철도 연합 감독관리 위원회'의 명분으로 중동(中东)철도를 제어하려고 시도했다. 쯔안톈유는 중국 엔지니어학회 회장의 명예로 파리평화회의를 참여한 중국 단체에 연락하여 협약국들의 침략 행위를 단호히 반대했다. 1919년 2월, 쯔안톈유는 중국 하얼빈 대표로 블라디보스토크 회의에 참여했다. 그러나 열강국들과 교섭할 때 극도의 피로로 인해 복강부위 질병이 재발하였고 아쉽게 거주 지역으로 돌아와 한거우(汉口) 병원에 입원했다. 1919년 4월 24일, 쯔안톈유는 한거우런지(汉口仁济) 병원에서 향년 58세에 별세했다. 그의 유언은 가족들에 대한 언급

없이 모두 국가의 발전과 관련된 내용이었다. 일부 내용은 아래와 같다. "내 천성이 똑똑하지 않다. 도로와 철도 공사를 30년 동안 하여 국가의 은혜에 보답하였고, 자신의 이익을 한 번도 도모한 적이 없다.", "지금 예순이 넘은 나이에 죽어도 여한이 없다. 다만, 소원이 이루어지지 못 한 것은 아쉽다.", "중화 엔지니어 학회를 진흥시켜 국가의 강성을 추진해야 한다. 러시아의 철도 일을 관리할 수 있는 인재를 신중히 선정해야 한다. 중국의 힘을 보여주며 착실하게 한위어촨(汉粤川) 철도를 만들어야 한다.", "위 내용이 내가 마무리하지 못한 평생의 소원이다. 만약 중앙정부가 이 목표들을 달성한다면 내가 죽는 날이 곧바로 새로 태어나는 날과 같다." 쯔안톈유가 병사한 소식이 널리 알려지자 중국과 외국에서 모두 애도의 눈물을 흘렸다. 우한, 베이징, 상하이, 톈진, 광저우 등에서는 국제 원동 철도 회의를 휴회하고 추모회를 진행했다.

주중 미국 공사 부시가 추도문을 보냈다. "쯔안박사가 별세했다는 비보에 몹시 놀랐다. 쯔안박사의 고상한 품격과 중국 철도사업을 위한 탁월한 공헌을 미국 국민들도 매우 존경한다."

중국 국가의 명운도 철도로 인해 변하기 시작했다. 중국 철도 권한을 보호하는 민간운동은 2,000여 년간 이어진 중국의 군주제를 소멸시키고 공화국을 건립한 불씨가 되었다. 그래서 중국 사학계에는 소위 '철도 하나가 왕조 하나를 뒤집었다'는 말이 있다.

근대 중국에서 철도의 투자와 운영은 아주 큰 이익을 얻을 수 있었다. 청나라 말기부터 민국 초기까지의 몇십 년 동안 서양 열국은 커다란 자금력과 선진 기술을 바탕으로, 정치와 군사에 영향력을 행사했다. 그리고 중국 대부분의 철도 건축 권한을 제어했다. 20세기 초에 중국인 사이에서는 철도 건축 권한을 쟁탈하는 투쟁이 시작되었다. 청두부터 한거우까지의 촨한(川汉)철도와 광저우부터 한거우까지의 위어한(粤汉)철도는 중국 중부지역의 남부와 서남지역을 연결하는 주요 노선이다. 한거우와 징한철도의 연결 지역은 옛부터 촨한철도와 위어한철도 두 주요 노선의 핵심 쟁탈 지역이었다. 1903년부터 청나라 정부는 민간자본이 철도, 광업, 기계제조 등 사업에 진입하는 것을 허가했다. 그 이후로 각 성에서 민간인이 운영하는 철도회사가 점점 설립되었다. 1907년 3월, 쓰촨성에 '상판천성천한(商办川省川汉) 철도 유한공사'가 설립되어 총 2,000km의 촨한철도 건설 계획을 세우기 시작했다. 민영 철도공사는 증권 발행 방식과 정부, 상업계 그리고 일반인의 기금을 통해서 자금을 모았다. '관적 주주', '상업 주주' 그리고 '민간 주주'를 합쳐 총 1,400여만 량을 모았다. 당시 철도 주주의 참여자 수가 쓰촨 인구의 절반을 차지했고 한다.

1896년 5월, 청 정부는 위어한철도를 건설하기로 결정했다. 청 정부 대신과 결탁한 미국 회사는 400만 달러의 차용으로 철도의 건설관을 받았다. 하지만 이 회사는 철도 공사를 50km도 마무리하지 못한 상태에서 주주의 2/3를 벨기에 회사에 팔았다. 청나라 지역장관인 장즈둥(張之洞)과 광둥, 후난, 그리고 후베이 세 지역의 상인들은 미국 회사의 위약 행위에 대해 강력한 불만을 표시했다. 그들은 계약서를 폐지할 것을 요구하고 철도 권한을 되돌려 받고자 했다. 교섭의 결과로 미국 회사는 675만 달러라는 고액의 대가를 치렀고, 청나라는 철도의 소유권을 회수하여 민간 자본 운용 방식을 채택했다. 1906년에 광둥 상인들은 민영 철도 회사를 성립했고, 1910년에 쯔안톈유는 본사의 사장과 총 엔지니어 자리를 위임받았다. 후난 지역은 1907년에 정부가 주도하는 민영 철도 운영 회사를 설립했고, 위어한 철도의 후베이 구간은 정부가 만든 철도 총국이 책임졌다.

1911년 봄에 재정위기에 빠진 청 정부는 쓰촨, 광둥, 후난 그리고 후베이 각 지역의 민영 철도 회사를 모두 국영으로 변경시켰다. 그리고 철도의 소유권을 다시 서구 회사에 매각했다. 5월 9일, 청나라 정부는 철도 국유 정책을 발표했고, 5월 20일, 청 정부는 영국, 미국, 독일 그리고 프랑스 네 나라의 은행과 함께 〈후베이후난 양 성 경내 위어한철도와 후베이 경내 촨한철도의 차용 계약〉을 체결했다. 600만 파운드를 차입금 받고 철도 권한을 판 것이다. 중국인은 명분상 국가

철도의 증권을 소유하고 있었지만, 철도의 재산권은 사실상 청 정부의 소유가 아니었기 때문에 국민들이 소지하는 증권은 폐지된 것과 다름없었다.

청 정부가 국민의 이익을 공공연하게 팔아먹는 행위에 쓰촨, 후난, 후베이 그리고 광둥 지역 사람들은 강하게 분개했다. 국민들은 대규모의 철도 보호 투쟁을 전개했다. 1911년 5월 13일부터 18일까지, 후난에서는 각 계의 사회 집단이 청나라 정부를 비난하는 전단지를 돌렸고, 장사에서는 만 명이 모인 시위와 만여 명의 철도 공사 공인들이 길거리 시위를 했다. 상인들은 파업을 했고 학생들은 등교를 거부했다.

후베이에서 이창부터 완현까지의 철도는 여전히 공사 중이었다. 공사하는 공인과 상인들은 정부의 공사 정지령을 무시하고 계속 진행하다가 정부에 의해 파병 진압을 당했다. 수천 명의 작업 중인 노동자들이 공사 도구를 들고 청나라 군인들과 치열한 싸움을 벌였고, 수십 명의 청나라 군인들이 죽거나 부상당했다. 광둥 위어한철도 주주들은 만 명 가량 모여 시위했으며, 후난, 후베이와 쓰촨 각성에 연락하여 함께 항쟁하자고 제안했다. 쓰촨성의 142개 모든 주와 현의 상인, 공인, 농민과 일반 시민, 그리고 학생들은 철도 보호 시위에 투신했고, 청두의 촨한철도 주주 대회에서 '철도 보호 동지회'가 성립되었

다. 10일 만에 회원이 10만여 명으로 확장되었고, '철도 보호 동지회'
는 '철도 보호 동지군'으로 바뀌었다. 그에 따라 시위가 길거리 데모에
서 무장 항쟁으로 변했다. 이와 동시에 전국 각지의 사람들과 해외의
교포 및 유학생들도 잇달아 집회와 통신을 통해 중국 국내의 시위를
성원했다. 청 정부가 철도 하나로 인해 흔들리기 시작한 것이다. 쓰촨
의 여러 지역에서 '철도 보호 동지군'이 의거를 일으켰고, 청나라 정부
는 다른 성에서 병사를 모아 쓰촨으로 보냈다. 이 중에서 가장 발전된
장비를 갖춘 후베이 신군이 먼저 쓰촨에 도착하면서 우창(武昌) 시내
의 병력이 한꺼번에 빠져나갔다. 혁명당 사람들은 이를 의거를 일으
킬 기회로 판단해, 1911년 10월 10일에 우창에서 중국 의거의 첫 총
알을 쐈다. 이것으로 2,000여 년 동안 중국을 지배한 군주제가 끝났
고, 아시아 최초의 공화국이 중국에서 탄생했다.

  1911년부터 1949년에 신중국이 성립했을 때까지 38년 동안 중국
의 역사는 새롭게 쓰이기 시작했다. 이 시기의 키워드는 군벌의 혼전,
항일 전쟁과 혁명전쟁이다. 이 기간 동안 중국의 철도는 힘겹게 앞으
로 나아갔다. 당시 중국 철도선이 가장 밀집한 지역은 중국 동북지역
이었다. 그때 대부분의 동북 지역은 일본 침략군에게 점령당했다. 동
북지역을 비롯하여 그 이후에 일본군에게 침략 당한 지역에 새로 건
설되거나 이미 건설된 철도가 약 6천여 km였다. 그러나 이 철도들은

쓰촨 청두, 신해 철도 보호 운동 기념비. (비주얼 차이나)

모두 일본 침략군이 침략전쟁을 확장하고 중국 자원을 약탈하는 도구로 쓰였다.

1920~30년대에 국제 관계가 급변하고, 중국 국내에서 제국주의를 반대하는 혁명운동이 추진되면서 서양 열강의 중국에 대한 제어가 이전보다 약해졌다. 그래서 중국은 1917년에 1차 세계대전 협약국 진영에 참여하여 독일과 오스트리아, 헝가리 제국에 선전포고하였다. 그리고 1930년대 중반까지 중국은 독일과 오스트리아, 헝가리 제국, 소련, 영국 그리고 벨기에 등의 조계지를 거둬들였다. 그동안 중국은 철도건설의 주도권을 어느 정도 회복했고 기술력을 누적했다. 일부 중국 성의 현지 정부도 철도의 발전에 힘을 주었다. 예를 들면 저지앙 성 정부는 항저우부터 지앙산(江山)까지의 항지앙(杭江)철도, 저간(浙贛)철도, 샤오산(萧山)부터 자오어지앙(曹娥江) 구간의 후항융(沪杭甬)철도를 지원했다. 또한 1933년부터 1937년까지 산시성 장관 옌씨산(阎錫山)이 주도한 다이둥(大同)부터 푸저우(蒲州)까지의 둥푸(同蒲)철도는 820km의 구간을 당시 중국에서 규정한 1.435m 간격의 표준 궤간을 사용하지 않고, 프랑스 방식의 1m 좁은 궤간을 사용했다. 이는 경제적 절감 목적도 있었지만 산시 지역의 정권을 보호하기 위함이었다. 궤간 기준을 바꾸면 당시 지앙지예쓰(蒋介石)의 중앙군을 포함한 다른 지역의 부대가 철도선을 이용해서 산시 지역에 들어오려고 할 때 통

로를 차단할 수 있었기 때문이다. 이러한 군사적 목적은 그럴만한 가치가 있는 일이었다. 1937년 9월에 일본 침략군이 산시성 북쪽의 다이동에서 산시성을 공격했을 때, 산시성은 다른 지역처럼 철도를 파괴하지 않고 기관차만을 숨겼다. 일본군의 기차는 좁은 궤간의 철도를 활용하지 못했기 때문에 남쪽을 향한 일본군의 침략 속도를 늦추는 효과가 있었다.

이 기간에 민국 중앙정부는 후난 류저우(柳州)부터 귀양(贵阳)까지의 시앙첸(湘黔)철도, 후난 흥양(衡阳)부터 광시 핑시앙(凭祥)까지 1,000km의 시앙귀(湘桂)철도, 쿤밍(昆明)부터 중국과 미얀마 국경선까지의 톈미안(滇缅)철도, 쿤미부터 쓰촨 이빈(宜宾)까지의 쿤쉬(昆叙)철도와 룽하이(陇海)철도 등의 철도건설 성과를 얻었다. 이 중에서 룽하이철도의 동쪽은 지앙쑤성 롄윈강과 연결되었고, 서쪽은 깐쑤(甘肃)성 란저우(兰州)까지 연결되었다. 1,759km의 철도가 중국의 화동, 화중 그리고 서북지역을 모두 연결하면서 중국의 동서 쪽을 관통하는 주요 교통망이 된 것이다. 룽하이철도의 공사는 청나라 말기인 1904년부터 시작되었고, 청 정부와 그 이후의 민국 정부 시기에도 공사가 띄엄띄엄 지속되었다. 1945년에 깐수 톈쉬(天水)까지 공사가 진행되었을 때는 이미 41년이 지난 시점이었다. 톈쉬부터 란저우까지의 남은 300여 km 구간 공사는 신중국이 성립된 후인 1953년 7월에 마무리 지었다. 결국 룽하이철도는 공사 기간이 총 50년이나 걸렸다.

　1876년 상하이에서 최초의 상업 철도가 만들어진 날부터 2019년까지 143년간의 중국 철도 역사는 70년으로 나뉜 두 단계로 살펴볼 수 있다. 그중 1940년대의 마지막 3년은 인민 해방전쟁 시기로 철도 공사가 전혀 진행되지 않았기 때문에 제외했다. 나눈 두 단계는 옛 중국의 70년과 신중국의 70년이다. 옛 중국의 70년 동안 중국 대륙에서 만들어진 철도는 총 25,523km였다. 그러나 1949년까지 전쟁으로 인해 3,500km의 철도가 사용 불가 상태가 되어서 실질적으로 사용 가능한 철도는 21,900여 km였다. 1949년 신중국이 성립된 이후에는 독립적이고 통일된 새로운 나라로서 자체적인 철도 공사가 가능했다. 즉 중국 내에 동일한 기준의 철도 공사 계획이 설정된 것이다. 그리고 중국 국가 공업이 빠르게 발전하고, 공업 제조기술이 지속적으로 성장하면서 중국 철도건설의 강력한 물질적, 기술적 기반이 마련되었다. 신중국 성립 후의 70년은 다시 두 단계로 나눌 수 있다. 두 단계는 각각 안정된 발전 단계의 30년과 개혁개방 이후의 고속 발전 기간 40년이다.

　안정적으로 발전된 30년을 대표하는 철도는 신중국 성립 이후 최초의 철도인 청두부터 충칭까지의 청위(成渝)철도이다. 덩샤오핑은 청위철도의 건설 과정에 전부 참여하고 앞장섰다. 쓰촨 전 지역은 1949

년 말에 해방되었는데, 쓰촨을 포함한 중국 서남지역의 여러 성의 업무를 맡은 리우보청(刘伯承)과 덩샤오핑 등 지역 장관들은 사회와 경제의 빠른 회복을 위해서 청위철도를 건설하겠다는 결정을 내렸다. 이후 민국 시기의 사전 조사 결과를 활용하여 1950년 4월에 철도 연선을 다시 측량하였고 큰 변화가 있었다. 1950년 6월 15일, 철도의 개공식이 충칭에서 개최되어 덩샤오핑 등 장관들이 개통식에 참여했다. 그리고 3년의 공사를 거쳐 1953년 7월 30일에 505km의 청유철도가 준공되어 개통했다. 청위철도의 개통은 50년간 이루어지지 못한 쓰촨 지역민들의 한촨철도에 대한 꿈을 실현해 주었다. 쓰촨에서 중국 정치계에 입문하여 장관이 된 덩샤오핑은 새로운 철도로 고향에 보답했다. 그가 30년간 이끌었던 개혁개방 사업은 중국과 중화민족의 커다란 발전을 만들었다.

청유철도 개통 이후 30년 동안 중국은 철도 간선 38개와 지선 67개를 만들었는데 전체 길이가 28,400km를 넘었다. 이는 옛 중국이 70년 동안 만든 철도의 총 길이보다 더 길고, 중국 철도의 총 길이를 53,900여 km로 연장시켰다.

끊임없이 뻗어나간 철도는 길이가 길어질수록 강물과 협곡이 가로지른 곳들을 연결했다. 철도를 연결하는 다리 수도 지속적으로 늘어났다. 1949년 이전에 창지앙(长江) 위에는 폭이 좁은 강물 위에 만든

1953년 7월 1일, 충칭 청위철도 개통식. (비주얼 차이나)

다리 외에 철도 다리가 하나도 없었다. 황허 위의 다리도 정저우(鄭州)와 지난(濟南) 지역에 하나씩 밖에 없었다. 그래서 신중국 성립 직후 30년의 기간 동안 창지앙에 6,772m의 난징창지앙(南京長江) 대교를 포함하여 7개의 철도 대교를 만들었다. 황허 위에는 16개의 철도 대교를 만들어, 53,900여 km의 중국 철도 길이 중에 28,945 km가 황허 위의 철도에 해당한다.

철도의 총 길이가 계속 늘어남과 동시에 단선철도가 복선철도로 변했다. 그리고 중추 편성역의 확장과 철도 전기화 개선으로 기존 철도 운송력이 향상되었다. 특히 철도 전기화 개선의 효과가 컸다. 1958년 6월에는 1952년 7월부터 1956년 7월까지 만들어진 바오청(宝成) 철도 구간에서 전기화 개선 작업이 진행되었다. 17년의 힘겨운 작업을 마친 1975년 7월 1일, 바오청 철도의 676km가 모두 전기화되어 정상적으로 개통하였고, 중국의 첫 번째 전기 철도가 탄생했다. 이어 1980년 말까지 총 1679.6km의 전기 철도가 개통되었다.

이 기간에 진행된 방대하고 힘겨운 철도공사 작업은 사람들에게 깊은 인상을 남겼다. 바오청철도 역시 이 작업 중 하나였다. 바오청철도는 북쪽 산시(陕西)성 바오지(宝鸡)에서 출발하여 남쪽으로 친링(秦岭)을 통과하고 쓰촨성 청두를 연결하는 철도였다. 중화민국 초기부터 1948년까지의 35년 동안 국민당 정부는 이 노선을 여러 차례 조사했지만 공사를 실시하지 못했다. 신중국이 성립된 이후 중앙인민정부는 이 공사에 다시 시동을 걸어 1952년 7월부터 1956년 7월까지 준공시켰고 전체 길이가 668.198km의 철도를 개통했다.

바오청철도는 친링(秦岭), 다바산(大巴山), 지안먼산(剑门山) 등의 산맥을 관통하고, 위허(渭河), 지아링지앙(嘉陵江), 푸지앙(涪江), 투어지앙(沱江) 등의 강을 넘었다. 바오청철도가 지나가는 이 길은 높은 산맥과 험한 협곡, 깊은 강으로 구성되어 당나라 시인 리바이(李白)가 감

1955년, 쓰촨 광위안(广元)에서 개통된 바오청철도 위에서
열차가 다바거우(大巴口) 다리를 지나가고 있다. (비주얼 차이나)

탄한 '하늘의 별 따기와 같이 어렵다'는 촉도(蜀道)에 해당한다. 전체
공사는 백 여개의 산을 관통했고, 크고 작은 강물을 수천 번 넘었다.
676km의 철도에
304개의 터널이
만들졌다. 즉 2km
마다 터널 하나를
뚫은 것이다. 총
1,001개의 다리를
만들었는데 이는
평균 1.5km에서
다리 하나가 있는
셈이다. 특히 열차
가 친링을 통과할
때 양지아완(杨家
湾) 역에서 친링 터
널까지의 직선거

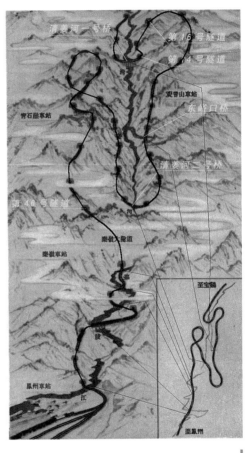

친링 노선 설명도.

리는 6km이지만, 올라가는 고도가 680km라 1km당 110미터를 올라가야 했다. 그런데 열차가 언덕을 오르는 속도가 1km당 40km를 넘을 수 없었다. 그래서 언덕길을 빙 둘러 올라야만 했다. 6km의 직선거리를 나선 거리로 변경하자 철도가 27km로 연장되었다. 만약 여러 열차가 연이어 이 길을 다닐 때 관인산(观音山) 기차역에서 그 모습을 바라본다면 거대한 세 마리의 용이 하늘로 가는 사다리를 오르는 듯한 기묘한 장면을 볼 수 있을 것이다.

바오청철도는 산시, 깐수와 쓰촨 세 개의 성을 연결했다. 산시 바오지부터 쓰촨 광위안까지의 구간은 350km이며, 이는 마침 2,000여 년 전에 고대 중국에서 개척한 촉도(蜀道) — 첸창다오(陈仓道)와 진니우다오(金牛道)와 같다. 현대 선진기술로 만든 열차에 앉아 안전하게 이 길을 오르면 높은 산과 넓은 강의 아름다움과 장대함을 감상하면서 중후한 역사를 만날 수 있다. 기차를 타고 이 길을 지나는 승객은 '험준한 촉도'가 '원활한 촉도'로 변하여 중국 서북과 서남지역의 경제 및 사회 발전을 도모한다는 점에서 감동을 받지 않을 수 없다.

바오청철도의 가장 남쪽의 종점역인 청두에서 계속 남쪽으로 향하면 쓰촨 청두와 윈난 쿤밍을 연결시킨 청쿤철도를 탈 수 있다. 이 철도는 철도 금지구역에서 만들어진 철도 노선이다. 방대하고 어려운 공사 때문에 당시 중국에서 이 구간의 철도를 만드는 것을 본 외국인들은 "중국 사람들이 미쳤다"라고 외쳤다.

그들의 이런 평가가 터무니없는 말은 아니다. 중국의 지형은 서쪽부터 동쪽까지 3단계의 계단식으로 구성되어 있다. 평균 해발 4000m 이상의 칭짱(青藏) 고원은 제일 높은 첫 번째 계단이고, 평균 해발 1,000～2,000m의 윈귀(云贵) 고원, 황투(黄土) 고원 그리고 네이멍구(内蒙古) 고원은 중간에 있는 두 번째 계단이다. 헝두안(横断) 산맥은 칭짱 고원과 윈귀 고원의 경계선이다. 칭쿤철도는 헝두안 산맥의 남북 방향을 따라 만들어졌는데, 헝두안 산맥의 평균 해발은 4,000m 이상이다. 산맥의 높은 곳은 구름 속까지 솟아 올라가 있고, 깊은 계곡은 깊이를 헤아릴 수 없다. 누지앙(怒江), 진사지앙(金沙江), 다이두허(大渡河), 안닝허(安宁河), 니우르허(牛日河), 쑨쉬허(孙水河) 그리고 야룽지앙(雅砻江) 등 거대한 계곡들이 산맥을 깊은 산골짜기로 만들었다. 또한 이 지역은 중국의 주요 지진 지대 중 하나이기도 하다. 종유동, 지하 하류와 단층이 밀접한 지역이기 때문에 흙과 모래 그리고 돌이 뒤섞인 극히 불안정한 지질상태를 가졌다. 그래서 각종 산사태와 유사(流沙) 등 자연재해가 빈번히 발생했다. 청나라 말기부터 신중국이 성립되기까지 50여 년 동안 청 정부, 민국 정부 그리고 미국, 영국과 프랑스 등 서양의 기업들은 이 길을 여러 번 탐사했지만 공사를 실시하기에 너무 위험하다고 판단했다. 그래서 청쿤철도는 실현되지 못하고 계획으로 남아있을 뿐이었다.

그러나 신중국이 성립된 이후 바오청철도가 1956년에 개통되었다. 중국 정부는 바오청철도를 남쪽의 쿤밍까지 연장시키고, 중국 남쪽 지역과 다른 지역의 통로로 개척하자는 목표를 설정했다. 중국 철도의 건설자들은 절대로 철도를 만들 수 없는 이 '금지구역'에서 공사를 마무리해야 한다는 목표를 세웠다. 1958년 7월에 청쿤철도 개공식을 개최하였고, 12년 동안 공사를 끊임없이 진행해왔다. 공사가 가장 시급했던 1966년 한 해에는 최대 40만 명의 시공자들이 밤낮없이 노력했다. 수많은 사람들이 힘들게 고생한 결과 1970년 6월에 철도 궤도가 모두 놓였고, 7월 1일에 개통식이 열렸다. 1,096km의 철도 길에 427개의 터널이 있었다. 평균 2.5km당 터널 하나가 있는 셈이었다. 그리고 991개의 다리를 만들었는데 이는 평균 1.7km당 다리 하나를 설치한 것이다. 이 가운데 다리 49개는 240여 km의 구불구불한 룽추안지앙(龙川江) 위에 만들어진 것이다. 다리와 터널의 총 길이는 433.7km에 달했고, 철도 총 길이의 40%를 차지했다. 총 124개의 기차역의 1/3은 다리 위나 터널 안에 만들어졌다.

청쿤철도의 건설은 서남지역의 교통 상황을 개선했다. 특히 소수민족 지역의 경제와 사회 발전을 추진했다. 청쿤철도의 개통은 해외에서도 많은 주목을 받았다. 보도에 의하면 1984년 12월 8일에 청쿤철도 공사는, 미국 아폴로 우주선 달 착륙과 러시아의 첫 번째 인공위성과 더불어 유엔이 평가한 '20세기 인류가 자연을 정복한 3대 기적'으로 선정되었다.

신중국 성립 직후 30년 동안 철도건설은 눈에 띄게 발전하였고 중국의 기차 제조능력도 매우 향상되었다. 1949년 이전의 중국은 기차 제조능력을 제대로 갖추지 못했다. 1881년부터 만들어진 탕산(唐山) 기차 공장은 옛 중국에서 오래되고, 실력이 가장 좋은 철도

시공자들이 협곡 사이에서 다리와 터널 공사를 시공하는 모습.

청쿤철도 개통식 때의 이씨안텐(一线天)철도 대교 (비주얼 차이나)

기차 제조 기업이었다. 그런데도 외국의 설계도면을 따라 할 수밖에 없었고, 주요 소품들도 수입품에 의존했다. 1949년까지 중국이 소유한 총 4,069대의 증기기차는 8개 나라에서의 30여 개 기업이 만들어 낸 198개의 모델들이었다. 옛 중국의 철도 기차는 모두 외국에서 제조된 여러 모델들로 구성되어 난잡했던 것이다.

신중국 성립 직후인 1952년에 중국 철도부 칭다오쓰팡(青岛四方) 기차 공장은 중국의 첫 번째 증기기관차 '지예팡(解放)' 기차를 생산했다. 이로써 중국이 기차를 자체적으로 생산하지 못한 역사는 종료되었다. 이 이후로 30년 동안 허베이성의 탕산, 지앙쑤 치쓰우옌(戚墅堰)구, 칭다오의 쓰팡구, 산시성의 다이둥, 랴오닝성의 다롄, 베이징의 창신디안(长辛店)구역, 쓰촨성의 쯔양(资阳) 그리고 후난성의 주저우 등에서 중국의 주요 기차 제조기업들이 잇따라 생산한 증기 기차가 만 대를 넘어섰다.

증기기관 제조업의 빠른 발전과 동시에 중국의 기차 제조기술도 발전하고 있었다. 1958년에 베이징 창신디안 자동차 공장에서 신중국 최초의 내연 자동차 '지안써(建设)'호가 시범생산되었다. 또한 주저우 기차 공장과 시앙탄 전기기계공장이 연합하여 중국의 첫 번째 전력 자동차인 '샤오산'호를 생산했다. 이어서 1980년대 말까지 중국의 여러 기차 공장들은 약 5,000대의 내연 기차와 전력 기차를 생산했다.

이 기간에 생산된 증기기차, 내연 기차와 전력 기차의 수는 1949년에 중국이 소유한 기차의 2.5배이다. 물론 기능성에 있어서도 훨씬 뛰어났다.

철도건설의 진보와 기차 제조기술의 향상은 중국 기차의 발전 속도를 계속해서 높였다. 민국 시기의 기차 시속은 20~30km에 불과했지만, 1980년대 말에는 40~60km의 시속으로 발전시켰다. 당시 최고 시속은 110km까지 높일 수 있었다.

1978년부터 개혁개방정책을 실시한 이후 중국의 경제는 급속히 발전했다. 중국의 철도건설 역시 비약적으로 발전했다. 그러나 새로운 정책을 실시한 첫 단계에서는 사람들이 철도건설의 발전을 딱히 느끼지 못했다.

사람들은 철도건설보다 철도 수송력에 주목했다. 1980년부터 2000년까지 중국 철도의 총 길이는 53,900km부터 68,700km로 증가하여, 20년 동안 14,800여 km가 연장되었다. 이와 동시에 기차의 수량도 계속 증가했다. 1990년에 중국이 소유한 기차는 13,970대였는데, 1995년에는 1,584대가 늘어 15,554대로 증가했다. 그러나 오래된 기차들을 폐기 처분하여 2000년의 기차 수량은 15,253대로 다소 감소했다.

그리고 이 시기에는 철도의 수요 증가가 철도 수송력 증가보다 훨

윈난성 추시웅(楚雄) 이족(彝族) 자치주 루펑(祿丰)현 헤이징(黑井)진,
청쿤철도의 파라(法拉)구간 언덕을 오르는 철도노선의 다이텐징터(大田箐) 특대 철도다리.
(비주얼 차이나)

1950년대에 생산한 마오쩌둥호 기차. (비주얼 차이나)

씬 컸다. 1990년의 중국 인구는 11억 4,333만 명에 달하여, 1982년
의 10억 1,654만 명의 인구와 비하면 8년 동안 1억 2,679만 명이 늘
었다. 연간 1,584만 명이 지속적으로 증가한 것이다. 그리고 또 10년
간 1억 2,410만 명이 증가하여 2000년에 중국 대륙의 인구는 12억

6,743만 명이었다. 인구 증가로 인해 경제가 빠르게 발전하면서 철도 화물 운송에 대한 요구가 대폭 증가한 것이다. 여객 운송과 화물 운송으로 철도 수송력에 대한 경쟁이 점차 치열해졌다. 그리고 개혁개방으로 농업생산력이 해방되자 농촌에는 잉여생산력이 발생했다. 동시에 공업이 발전하면서 도시의 인력 수요를 증대시켰다. 이때부터 농촌에서 도시로 이전하는 '민공리우(民工流)'가 등장했다. 또한 수능시험이 부활하고 20년간 대학교와 전문대 등 고등 교육의 발전하자, 명절이나 휴가가 되면 수천수만 명의 학생들이 기차역으로 몰렸다. 더불어 농촌에서 도시로 오는 사람들, 귀향하는 사람들이 더해져 중국 철도에 엄청난 부담이 가해졌다.

지금의 40대 중국인들은 그 시절의 혼잡한 기차를 여전히 기억할 것이다. 좌석은 물론이고, 기차 칸의 복도와, 기차와 기차의 연결 통로, 심지어 화장실과 좌석 아래까지 어디든지 승객들이 가득했다. 승객들이 물 한 잔을 마시거나 화장실에 가는 것 모두가 매우 어려운 일이었다.

최후의 증기기차. 2012년 1월 2일,
네이멍구(内蒙古) 츠펑(赤峰) 크스크텅치(克什克騰旗)
지퉁(集通)철도를 지나가는 증기기차. (비주얼 차이나)

1994년 하얼빈역의 혼잡한 기차칸 앞에 승객들이 몰린 모습. (비주얼 차이나)

1995년 1월 19일, 베이징에서 충칭으로 이동하는 기차에서 혼잡한 기차칸의 모습. 좌석이 없는 승객들은 기차칸 통로에서 서거나 웅크려 앉아있다. (비주얼 차이나)

기차역 플랫폼은 기차칸 출입문을 통해서 사람들이 타거나 내릴 수가 없을 정도로 혼잡했다. 그래서 승객들이 창문을 통해서 기차를 타거나 내리는 장면을 종종 볼 수 있었고, 심지어 승객이 기차를 타기 전에 기차가 출발하는 경우도 많았다.

기차표를 사는 것도 어려운 일이었다. 공휴일만 되면 모든 기차역에 표를 사려는 사람들이 긴 용처럼 늘어섰다. 표를 사려는 줄은 때때로 1~2km까지도 이어졌다. 겨울에는 많은 사람들이 기차표 한 장을 사기 위해 추위를 무릅쓰고 밤새도록 기차역 앞 광장에서 줄을 섰다. 오랫동안 줄을 서 기다리더라도 표가 매진되어 사지 못하는 경우도 많았다. 심지어 공공기관과 학교, 그리고 국영기업에 기차표 대리 구입 서비스업이 생겼다. 사회에는 암표를 팔아서 생계를 유지하는 '황니우당(黃牛党)', 즉 암표상들이 나타났다. 황니우당 때문에 기차표 구입 전쟁은 더 심각해졌다.

그러나 이는 개혁개방정책을 실시한 후 십여 년 동안 중국 철도가 힘을 모아 폭주하기 전 단계의 이야기이다. 21세기를 전후로 하여 그동안 누적된 철도의 힘이 한꺼번에 폭발했다. 1999년 8월 허베이 친황다오(秦皇島)와 랴오닝성 선양을 연결하는 여객 전용 철도공사가 시작되었고, 2003년 10월에 공식적으로 운영되기 시작했다. 이 철도는 총 404km이고, 최고 시속은 250km이다. 친선거윈(秦沈客运)은 진정

한 중국 최초 전기 철도이기도 하다.

2006년 7월에는 칭하이(靑海)성 시닝(西宁)부터 티베트 라싸까지 총 1,956km의 칭짱(靑藏)철도가 개통했다.

2008년 8월에는 베이징부터 톈진까지 시속 350km를 달릴 수 있는 고속철도가 공식 운영되기 시작했다.

2008년 4월에 허페이(合肥)부터 난징까지의 허닝(合肥) 고속철도가 개통했다. 허닝 고속철도의 총 길이는 166km이고 시속은 250km이다. 이 철도의 개통은 허페이부터 난징까지의 이동 시간을 4시간에서 45분으로 줄였다. 또한 허페이에서 상하이까지의 주행 시간을 7시간에서 2시간 30분으로 단축시켰다.

2009년 4월 1일에는 안휘 허페이부터 후베이 우한까지 356km, 시속 200km의 고속철도가 개통되어 운영했다. 같은 날에 허베이 쓰지아주앙(石家庄)부터 산시 타이위안(太原)까지 길이 190km, 시속 250km의 쓰태이(石太) 고속 여객 전문 노선도 개통했다.

2009년 12월에는 우한부터 광저우까지 총 길이 1,069km, 시속 350km의 고속철도가 개통했다.

2010년 2월에 허난 정저우와 산시 시안을 연결한 정시(郑西) 고속철도가 공식적으로 운영되기 시작했고 철도의 총 길이는 523km, 최고 시속은 350km였다.

2011년 6월에 베이징과 상하이 사이의 징후(京沪) 고속철도가 개통했다. 총 길이는 1,318km, 최고 시속은 380km였는데 실질 운영 시속은 350km로 유지했다.

2012년 12월에는 베이징부터 홍콩 지우룽(九龙)까지의 징지우(京九)철도를 전체 전력화하여 개조하는 프로젝트가 준공되었다. 이 철도는 1993년부터 시공하였고, 1996년 9월에 개통했다. 총 길이는 2,315km이고 중국 화북, 화중, 화동 그리고 화남 지역을 관통했다. 그리고 2001년 3월부터 2003년 1월까지 전 노선의 복선 공사가 진행되었다. 전력화 개조가 완성된 징지우철도의 운행 시속은 120~160km 사이였으며 수송력을 최대로 발전시켰다.

2014년에는 란신 고속철도가 개통했다. 란신 고속철도는 깐수성 란저우와 신장 위구르 자치구 우루무치를 연결시켰다. 이 철도의 공사는 2009년 11월부터 시작했고, 2014년 12월 26일에 전 노선의 공사가 마무리되었다. 총 길이는 1,776km이고 시속은 250km였다.

2000년대 초반 10년 동안에 중국의 철도는 21,800km가 증가하여, 총 거리는 90,500km에 달했다. 이는 2019년 말까지 9년간 48,500km 더 연장되어 총 14만 km에 가까운 철도가 만들어졌고, 이 중에서 3만 5천 km는 고속철도이다.

중국의 철도 노선은 계속해서 연장되고 있다. 철도 노선 연선 설비의 현대화 속도는 놀라울 만큼 빠르게 발전하고 있다. 동시에 기차 차량의 현대화도 커다란 성과를 만들어냈다. 2004년에 '허시예(和谐)' 시리즈 전기기차가 대량 사용되기 시작했다. 2007년에는 CRH 동차(动车)가 투입되어 중국 철도가 고속철도의 시대를 전면적으로 맞이했다. 현재 중국은 자체적으로 시속 380km인 고속 열차를 연구하고 개발할 수 있는, 세계에서 손꼽히는 나라이다. 2017년 5월 25일에는 실제 주행 시속이 350km에 달하는 '푸싱하오(复兴号)' 동차팀이 징후고속철도에 등장했다! 이는 중국이 자체적으로 연구하고 개발하여 전체 지적재산권을 갖는 하이테크 장비이다. 고속기차의 등장은 중국 철도 기술이 전 세계 선진국 수준에 도달했다는 이정표가 되었다.

전체 철도설비 수준의 현대화를 바탕으로 중국 철도는 특히 1997년, 1998년, 2000년, 2001년, 2004년 그리고 2007년에 총 6회의 급속 발전을 추진했다. 예를 들어 간선철도의 주행 최고 시속을 140km에서 250km로 상향시켰다. 10년간 6회의 급속 발전은 중국을 고속철도의 시대로 인도했다.

2008년 8월 1일, C2275 고속 열차가 12시 35분에 베이징 남역에서 출발해 120km의 시속으로 30분 후에 톈진역에 도착했다. 주행 최고 시속은 350km에 달했다.

2011년 말, 매년 찾아온 춘윈(春运)이 곧 시작될 즈음이었다. 이 시기에 중국 국민들은 집에 가기 위해 기차표를 구입하려고 애를 쓴다. 그러나 이 해에는 춘원 기간이 다가왔음에도 예년과 다른 모습이 나타났다. 사람들이 이제 더 이상 매표소 앞에서 밤새우며 기차표를 살 필요가 없다는 것을 깨달은 것이다. 집에서 인터넷을 통해서도 전국의 모든 기차표를 구입할 수 있었기 때문이다. 최근 몇 년간 모바일 예약과 결제 방식이 널리 보급됨에 따라, 과거에는 복잡했던 기차표 예약, 좌석 선택, 음식 주문 및 픽업 등의 일이 지금은 손가락 하나로 모두 쉽게 해결할 수 있게 되었다. 이제는 매표소 앞에서 선 수천수백 미터의 줄을 볼 수 없다. 일부 지역의 매표소 로비는 사람이 없어서 오히려 쓸쓸하게 느껴지기도 한다. 공공기관, 학교 그리고 국영기업에서의 티켓 대리구매 서비스업이 사라졌고, '황니우당'도 더 이상 살아남을 수 없었다.

20세기 후반의 중국 철도 이야기에서 청쿤철도를 뺄 수 없는 것처럼 21세기의 중국 철도 이야기에서는 이완(宜万)철도가 빠질 수 없다. 왜냐하면 이완철도의 시공은 청쿤철도보다 훨씬 위험했고, 지금까지도 어려운 철도공사로는 세계에서도 비교 대상이 없을 정도이기 때문이다.

이완철도는 동쪽의 후베이 이창에서 출발하여 서쪽의 후베이 은쓰(恩施)를 경유하고 다시 북쪽의 충칭 완저우(万州)까지 달려간다. 1993

이완철도가 예산허(野三河)를 건너는 모습. (비주얼 차이나)

년부터 공사 준비를 시작했지만 준비 기간만 10년이 걸렸다. 2003년 12월 1일에 정식으로 공사가 시작되었고, 2010년 12월 22일에 개통되었다.

이완철도는 주로 어시(鄂西)와 위둥(渝东) 산악 구역을 주행한다. 이곳은 중국에서 카르스트 지형이 가장 많은 구역이다. 철도가 지나는 곳곳에 높은 산과 깊은 계곡, 암벽이 있고, 카르스트와 산사태, 그리고 도로 붕괴 등 열악한 지질 현상이 광범위하게 분포되어 있다. 복잡한 지질 구조와 구불구불한 지형은 공사 진행의 장애물이 되었다. 그래서 이완철도 공사의 난이도는 세계에서도 보기 드물었다. 이러한 환경에서 시공하는 사람들은 어려운 기술을 사용하여 새로운 공정 기준의 철도 설계를 만들었다.

이완철도의 총 길이는 377km이다. 전 구간에 159개의 터널과 253개의 다리가 있다. 평균 10km당 터널 5개가 있고, 일부 구간에 있는 두 터널 간의 간격은 20m 밖에 되지 않는다. 참고로 20m는 터널 한 칸의 길이에 불과하다. 터널의 총 길이는 288km이며, 터널이 총 다리 길이의 74%를 차지하여 전 세계 철도 중에서 가장 높은 터널 비율을 가졌다. 많은 구간이 다리에 바로 터널이 이어지고, 터널 다음에 바로 다리가 이어진다. 전 구간에 총 24개 역이 있는데 8개 역은 다리나 터널에 만들어졌다. 253개 다리에서 5개 다리의 교각이 100m

를 넘는다. 이 중에서 두거우(渡口河) 특대 다리의 메인 교각은 높이가 128m로, 40층 빌딩의 높이와 같다. 이는 당시 세계에서 가장 높은 철도 다리의 교각으로 인정받았다.

이완철도의 준공은 쓰촨과 충칭 지역의 철도 수송력을 높였다. 어시와 위둥 산악 지역의 주민들이 오랜 세월 동안 출행에 겪던 어려움을 해결했다. 또한 이 철도는 연선의 풍부한 관광자원의 개발을 위한 주춧돌이 되었다. 우수한 농산품이 다른 지역까지의 수출되기에 편리한 통로가 되어 지역 경제와 사회 발전을 촉진했다.

또한 21세기의 중국 철도 이야기에서 세계에도 이름을 널리 알린 칭짱(青藏)철도를 뺄 수 없다. 칭짱철도는 동쪽에서 칭하이 시닝에서 출발하여 서쪽의 티베트 자치구의 라싸까지 운행되는 1,956km의 철도 노선이다.

칭짱철도는 서전동송(西电东送), 서기동수(西气东输), 남수북조(南水北调) 공정과 같이 중국 21세기의 4대 공정으로 불린다.

1951년 5월, 중국 중앙정부는 티베트 지방정부와 티베트 평화해방의 협의를 맺었다. 평화해방전이 있었던 티베트 120여만 ㎢의 토지에 교통시설은 거의 보이지 않았다. 당시 포탈라 궁전 앞에는 자동차가 달릴 수 있는 약 1km의 모래 자갈길 외에 공식적인 도로가 없었다. 야크, 노새와 말들이 밟아서 만들어진 작은 길들만 있었다. 육지 운송은 사람과 가축에 의지했고, 수상의 교통은 쪽배와 쇠가죽으로 만든 배를 활용했다. 강을 건너가는 수단은 나무다리와 로프를 활용하는 방법뿐이었다. 장족(藏族)은 긴 세월을 유지해온 낙후된 생산 방식을 그대로 유지하며 곤궁한 생활을 지내고 있있다. 신중국 성립 이후의 중앙정부는 티베트의 교통 환경을 개선하기 위해서 1956년부터 칭짱 철도의 공사를 준비하기 위한 측량팀을 보내 현지 설계 작업을 시작 했다. 그리고 1958년부터 1단계 공사가 시작되었다.

칭짱철도의 1단계 공사는 칭하이성에서 시작되었다. 출발점은 동쪽의 시닝이고, 종점은 서쪽의 거얼무(格尔木)였다. 공사의 총 길이는 814km였으며, 26년의 시간이 걸려 1984년 5월에 개통되었다.

칭짱철도의 2단계 공사는 1단계 공사 종료 17년 후에 시작되었다. 2단계 공사의 출발점은 동쪽의 칭하이성 거얼무였고 종점은 서쪽의 티베트 자치구 라싸었다. 2단계 공사는 2001년 6월 29일부터 시작되었고, 2006년 7월 1일에 마무리되어 개통했다. 거얼무부터 라싸까지 의 철도는 1,142km였다. 2단계 공사가 끝난 후 총 길이가 1,956km 인 칭짱철도의 전 노선이 개통되었다. 잇따라 라싸부터 베이징, 상하이, 광저우, 청두, 란저우 그리고 시닝 등의 지역에 열차 노선들이 연이어 개통했다.

니안칭탕구라(念青唐古拉)산 아래에 있는 칭짱철도에서 달리는 열차.
(비주얼 차이나)

2006년 7월 1일, 칭하이 투어투어허(沱沱河) 대교에서 거얼무에서 출발해서 다가온 '칭(青)1'호 열차를 현지 주민들이 노래와 춤으로 환영하는 모습. (신화사)

칭짱철도가 아름다운 추어나후(措那湖)를 경유하는 모습. (비주얼 차이나)

칭짱철도는 광대한 칭하이후(青海湖), 우람한 쿤룬산(昆侖山), 거주자가 없는 커커시리(可可西里), '중화수탑'의 산지앙위안(三江源), 아름다운 짱베이차오위안(藏北草原)을 경유한다. 기차를 탄 승객은 철도 노선이 지나는 강물과 호수, 설산과 초원, 고비 사막과 습지를 볼 수 있고, 소와 양 떼를 보며 농후한 민족의 풍정까지 느낄 수 있다.

칭짱철도의 열차를 타는 것은 세계여행을 즐기는 것과 다름없다. 세계에서 가장 긴 초원 철도 위를 달릴 수 있고, 해발이 가장 높은 철도에 오를 수 있다. 칭짱철도의 구간 대부분은 해발 4천 미터 위에 있는데, 최고 해발은 5,072미터이다. 또한 세계에서 가장 높은 기차역인 해발 5,068미터의 탕구라산 기차역을 경유하고, 세계에서 해발 고도가 가장 높은 툰드라 터널인 해발 4,905미터의 펑후어산(风火山) 터널을 지날 수 있다. 그리고 세계에서 가장 긴 고원 툰드라 터널인 1,686미터의 쿤룬산 터널을 지나면 마지막으로 세계 철도 역사에서 가장 엄격한 환경보호 시설을 볼 수 있다. 티베트 영양 등 야생 동물들이 자유롭게 이동할 수 있도록 철도 연선에 33개의 야생동물 전용 통로를 만들었고, 공사 때문에 생산된 폐물들은 모두 환경보호를 위한 엄격한 방식의 처리를 따라야 한다. 그리고 시공 과정에서 파괴한 자연환경은 공사를 마친 후 모두 복원해야 한다는 규정이 있다. 토지나 열차에서, 반드시 이러한 원칙을 준수해야 한다. 칭짱철도는 명실상

부한 '환경보호 철도'이다. 2013년 9월, 스페인 바르셀로나에서 개최한 인터내셔널 컨설팅 엔지니어스 연합회(International Federation of Consulting Engineers)의 백 년 축제 행사에서 칭짱철도는 '백 년 공정프로젝트 우수상'을 받았다.

　칭짱철도의 개통은 티베트의 철도 시대를 열었다. 티베트고원지대의 낙후되고 빈곤한 환경을 개선했고, 중국 각 민족 간의 단결과 공동 발전을 모색해서 합동적 번영을 추진했다.

　2단계 공사가 시작된 2001년에 중국의 유명한 작곡가 인칭(印青)과 작사가 취위안(屈塬)이 창작 소재를 수집하기 위해 공사 현장을 방문했다. 티베트 사람들은 오랫동안 기다려온 이 철도를 '톈루(天路)'라고 불렀다. 두 작가는 여기서 영감을 얻어 '톈루'라는 노래를 창작했다. 중국의 유명한 가수 한훙(韩红)이 노래하여 전 중국에 널리 알려졌다.

　내가 아침에 푸릇푸릇한 목장에 서서
　노을빛을 걸친 독수리가
　한 조각의 상서로운 구름처럼 푸른 하늘을 날아가는 것을 보니
　티베트족의 자녀들에게 행운을 가져다주는 듯하네

나는 저녁에 높은 언덕에 서서

내 고향까지 연결된 철도를 보네

마치 한 마리의 거대한 용이 산을 넘고 고개를 넘어

티베트에 평온을 가져다주는 듯하네

이 길은 신비로운 하늘과 통하는 길

조국의 따뜻함을 변방까지 보내네

이제 산은 더 이상 높지 않고 길은 더 이상 멀지 않네

여러 민족의 아들딸들이 즐겁게 한자리에 모였네

나는 저녁에 높은 언덕에 서서

내 고향까지 연결된 철도를 보네

마치 한 마리의 거대한 용이 산을 넘고 고개를 넘어

티베트에 평온을 가져다주는 듯하네

이 길은 신비로운 하늘과 통하는 길

우리를 인간의 천국에 데려가네

청과주와 유수차가 더욱 맛 좋고 향기롭네

행복한 노랫소리가 사방으로 퍼져가네

이 노래는 중국에서 20년 동안 불려오며 중국 철도와 철도를 만든 사람들에게 최고의 찬가로 남아있다.

베이징에서 징짱철도를 따라 북쪽으로 65km를 이동하면 쯔안톈유가 1908년에 만든 칭룽치아오역에 도착할 수 있다. 역에는 쯔안톈유의 동상이 세워져 있다. 2019년에는 쯔안톈유 서거 100주년 기념식이 개최되었다. 쯔안톈유는 높은 대좌에서 서서 계속 그가 직접 만든 '人'자 모양의 철도를 지켜보고 있다. 또한 100년 동안 중화민족이 굴욕과 고난의 투쟁을 겪고 독립과 부강한 나라를 세운 우여곡절의 역사를 지켜보고 있다.

쯔안톈유는 중국 철도건설의 고속 발전을 보고 매우 기뻐했을 것이다. 1964년에 세계 최초의 고속철도가 일본에서 만들어졌다. 당시의 시속은 210km에 달하였다. 그 뒤로 프랑스, 이탈리아, 독일, 스페인, 벨기에, 네덜란드, 스위스 그리고 영국 등 선진국들에 1964년부터 1940년대까지 잇따라 세 번의 고속철도 건설의 열풍이 불었고 고속철도망이 생겼다. 그러나 2004년까지 중국에는 고속철도를 아는 사람도 흔치 않았다. 그러나 십여 년 후 중국의 고속철도는 많은 선진국들을 추월했다. 고속철도의 총 길이는 3만 5천km에 달하고, 이는 전 세계 고속철도 총 길이의 2/3를 차지하는 수치이다. 그리고 중국이 지적재산권을 모두 갖는 '푸싱하오' 고속열차는 실질 운영 시속이 350km이며, 이는 현재 전 세계에서도 가장 빠른 고속열차이다.

쯔안톈유 동상. (비주얼 차이나)

공사 중인 '톈유하오(天佑号)' 실드 굴진기. (비주얼 차이나)

　　2016년 4월 29일에는 베이징부터 장지아거우까지의 새로운 철도
인 징장철도의 시공이 시작되었다. 그리하여 쯔안톈유 선생의 서거
100주년인 2019년의 마지막 날에 개통했다. 지하터널 시공에 참여한
현대화 대형 실드 굴진기는 '톈유하오(天佑号)'라고 이름 붙여졌다. 쯔
안톈유는 이 커다란 현대 발전을 바라보면서, 111년 전에 초라한 수
공 도구를 가지고 철도 시공자들과 함께했던 공사 작업 현장을 회상

CR400BF-C형 '푸싱하오' 스마트고속열차가 징장철도 '신빠다링(新八达岭)' 터널에서 나와 장지아거우 방향으로 달려가는 모습. (비주얼 차이나)

할 것이다. 그가 말한 "나라가 부강해서 외부의 모욕을 당하지 않고 이 지구에서 자립할 만한 능력을 갖춘" 날이 온 것을 보면 매우 감탄하고 기뻐하며 안심할 것이다.